garten
kurz & gut

Wolfgang Stix

Kosmetik

aus dem naturnahen
GARTEN

avBUCH

Inhalt

Meine
Leidenschaft

Schon während meiner Ausbildung zum Drogisten gab es einige Rezepturen mit Kräutern und ätherischen Ölen auf dem Markt. Aus der damals bescheidenen Auswahl ist mittlerweile eine große Palette geworden, die man für eine Vielzahl von gesundheitlichen und psychischen Beschwerden verwenden kann. Dabei ist es immer wieder faszinierend, wie diese hochwertigen Rohstoffe in den verschiedensten Ländern verwendet werden. In Asien wird beispielsweise mit der Bergamotte Tee parfümiert, der dann als Earl Gray zu uns kommt.

Im Lauf der Jahre habe ich durch meine Reisen rund um die Welt die unterschiedlichsten Kulturen und deren Umgang mit Heilpflanzen kennengelernt. Bei einer meiner zahlreichen Einkaufstouren war ich in der Provence unterwegs und kam gerade dazu, als sich ein Bauer am Destillierkessel verbrannte. Ohne zu zögern träufelte er einige Tropfen Lavendelöl auf die Verbrennung. Nach seinen Angaben war er sofort schmerzfrei und auch die Rötung ging rapide zurück.

Und auch in unseren heimischen Kräutergärten wachsen viele heilkräftige Pflanzen. Die Ringelblume ist solch ein Heilkraut. Egal ob als Babyöl oder als Körper- und Massageöl, sie wirkt manchmal Wunder. Um das Bewusstsein für unsere Heilkräuter zu schärfen und die Möglichkeiten aufzuzeigen, wie man Naturkosmetik selbst herstellen kann, habe ich dieses Buch geschrieben. Ich wünsche Ihnen beim Lesen viel Spaß und hoffe, Ihnen ein wenig von den vielen Möglichkeiten der Anwendung mitgeben zu können.

Wolfgang Stix
Im Juni 2013

Die Vielfalt
nutzen

Der Naturgarten

Zurück zur Natur, das wünschen sich immer mehr Menschen. Gesunde Lebensmittel aus regionalen Betrieben, bessere Umweltbedingungen und natürliche Heilmittel auf pflanzlicher Basis – wir besinnen uns wieder auf die wichtigen Dinge im Leben.

Im eigenen Garten, auf dem Balkon und der Terrasse können wir dem Wunsch nach mehr Natur ein Stückchen näher kommen und darüber hinaus sogar die ökologische Vielfalt erhalten.

Das geht vor allem dann, wenn heimische Gewächse angebaut werden, wenn nicht immer alles akribisch sauber gehalten wird, sondern Natur und Natürlichkeit die „Oberhand behalten" können. Wenn bunte Blütenhecken möglichst vielen Nützlingen Unterschlupf gewähren und somit ein harmonisches Gleichgewicht zwischen Schädlingen und Nützlingen entsteht, dann ist ein Gärtnern ohne Gift möglich.

Bunte Vielfalt

Im naturnahen Garten herrscht eine bunte Vielfalt. Neben Gemüse und Blumen sind es vor allem Kräuter, die gerne angebaut werden und viele nützliche Eigenschaften in sich tragen. Sie haben einen hohen Zierwert durch schöne Blätter und Blüten und können vielfältig als Heilpflanzen eingesetzt werden. Das gilt bei verschiedenen Beschwerden genauso wie bei kosmetischen Belangen. Kräuter, aber auch einige Gehölze haben aufgrund ihrer Inhaltsstoffe nicht nur heilkräftige Eigenschaften, sondern können auch zur Reinigung und Pflege von Haut und Haaren verwendet werden.

Arnika, Ringelblume und Wildrose finden in jedem Garten einen Platz, bestimmte Sorten gedeihen sogar im Topf gut. Blüten, Blätter oder Wurzeln sind die Grundlage für einfach herzustellende Salben und Cremes, die unserer Haut gut tun, sie schützen und verschönern, ohne Konservierungs- und Zusatzstoffe.

Die Kräuterspirale

Pflanzen wachsen dann besonders gut, wenn der Standort richtig gewählt wird. Sonne oder Schatten, Trockenheit oder eher feuchte Bedingungen, nährstoffreicher Boden oder besser karge Bedingungen – Pflanzen haben, wie Menschen auch, unterschiedliche Ansprüche. Wenn wir darauf Rücksicht nehmen, belohnen sie uns mit üppigem und vor allem gesundem Wachstum, denn bei der Nutzung von Pflanzen zu Heilzwecken oder für die Kosmetik sind jegliche Pflanzenschutzmaßnahmen mit Pestiziden tabu.

Eine Kräuterspirale ist bestens geeignet, um viele verschiedene Kräuter und Heilpflanzen auf kleinem Raum zu vereinen und ihnen dabei beste Wachstumsbedingungen zu verschaffen.

Beim Bau einer Kräuterspirale werden durch den spiralförmig ansteigenden Aufbau unterschiedliche Lebensbedingungen geschaffen. So können auch in kleinen Gärten die vielfältigen Ansprüche der Kräuter erfüllt werden.

Eine Kräuterspirale beansprucht wenig Platz und beherbergt viele Pflanzen. (Foto: miket/fotolia.com)

Beim Bau einer Kräuterspirale werden verschiedene Zonen angelegt, mit unterschiedlichen Bodeneigenschaften und Sonneneinstrahlung.

· Die untere Zone der Kräuterspirale kennzeichnet einen feuchten, nährstoffreichen Boden. Hier wachsen Kräuter wie Schnittlauch, Kerbel, Indianernessel.
· In der mittleren Zone, die in Sonne bis Halbschatten liegt, sollte die Erde dagegen schon nicht mehr so nährstoffreich und eher trocken sein. Zum Beispiel Melisse, Pimpinelle und Ysop bevorzugen diese Standortbedingungen.
· Die obere Zone der Kräuterspirale ist voll besonnt, der Boden durchlässig und nährstoffarm. Salbei, Rosmarin und Lavendel, die allesamt der Haut guttun, fühlen sich hier wohl.

Pflanzen, die es in sich haben

Seit jeher wurden Heilpflanzen nicht nur zu medizinischen Zwecken, sondern auch in der Kosmetik eingesetzt. Pflanzen, die in unseren Gärten und in der Natur wachsen, sind die beste Grundlage, um natürliche Reinigungs- und Pflegeprodukte selbst herzustellen. Schon das Sammeln der Kräuter und das Zubereiten der Naturkosmetik machen große Freude.

Reinigung und Pflege sind wichtig für die Haut, dabei darf aber auch das Verwöhnen nicht vergessen werden. Mithilfe von selbst hergestellten pflanzlichen Massageölen gelingt es, dem Alltag für einen Augenblick zu entfliehen.

Heilpflanzen für die Naturkosmetik

Viele Kräuter wie Arnika und Ringelblume, aber auch Halbsträucher und Gehölze wie Lavendel, Rosmarin und Birke haben heilkräftige Wirkungen. Zu kosmetischen Zwecken wurden diese und viele andere Pflanzen bereits im alten Ägypten, in Indien und Persien verwendet.

Duftspender und Parfüms waren in der Antike sehr beliebt, außerdem verwendete man die fettlösenden Effekte verschiedener Kräuter, wie der Schafgarbe, zur Reinigung fettiger Haut. Auch von Badezusätzen mit diversen Kräuterölen und Milch oder Honig kann man immer wieder lesen.

Inhaltsstoffe und ihre Wirkungen

Die Wirkungen von Pflanzen in der Kosmetik sind ganz unterschiedlich und basieren auf den jeweiligen Inhaltsstoffen. Bei Kamille, Ringelblume und Schafgarbe ist es vor allem der entzündungshemmende Effekt, der eingesetzt wird, bei Johanniskraut die beruhigende, bei Pfefferminze die desinfizierende Wirkung. Verantwortlich dafür sind vor allem Alkaloide, ätherische Öle, Bitterstoffe, Gerbstoffe, Glykoside, Saponine und Schleimstoffe.

Die wirksamen Inhaltsstoffe befinden sich in unterschiedlichen Pflanzenteilen. Mal sind die Blätter, mal die Blüten, mal die Rinde, mal die Wurzel, mal die Früchte besonders angereichert. Außerdem ist der Wirkstoffgehalt von verschiedenen Faktoren abhängig. Die Tageszeit, der Standort, die Ernte und Aufbewahrung – all das wirkt sich auf den Gehalt an Inhaltsstoffen aus.

Will man Naturkosmetik selbst herstellen, ist es wichtig, einerseits die Wirkstoffe der Pflanzenteile zu kennen, die man verwenden möchte, andererseits auch den Hauttyp und mögliche Anwendungen.

Mit Bedacht verwenden

Alle Heilpflanzen und Hilfsstoffe, die zu kosmetischen Produkten verarbeitet werden, können mitunter Allergien auslösen oder zu Hautirritationen führen. Bei der Anwendung sollten Sie mögliche Vorerkrankungen oder Empfindlichkeiten bedenken und das Produkt zunächst an einer kleinen Hautstelle ausprobieren.

Wildrosen haben einen intensiven Duft.
Sie eignen sich, um Parfüme herzustellen.
(Foto: schankz/shutterstock.com)

Pflanzen sammeln und konservieren

Blüten und Blätter der Pflanzen, die wir für kosmetische Zwecke benötigen, werden am besten an einem nicht zu sonnigen Vormittag geerntet, wenn die Feuchte der Nacht abgetrocknet ist. Der Gehalt an Inhaltsstoffen ist dann am größten.

Für Salben, Cremes oder andere kosmetische Produkte werden entweder die gesamte Pflanze oder nur bestimmte Teile überwiegend in getrockneter und zerkleinerter Form verwendet.

Ganze Stängel, zum Beispiel von Rosmarin, trocknet man am besten an der Luft. Sie werden zusammengebunden und kopfüber an einem trockenen luftigen Platz aufgehängt. Wenn beim Anfassen das Kraut raschelt, ist die Trocknung abgeschlossen.

Kräuter lassen sich gut an der Luft trocknen und dann lange aufbewahren. (Foto: vaivirga/shutterstock.com)

Blüten und Blätter kann man ebenfalls an der Luft trocknen, zum Beispiel auf einem großen Sieb oder einem Leinentuch. Dabei muss man aufpassen, dass die Pflanzenteile nicht fortwehen. Bei hoher Luftfeuchtigkeit kann das Kraut auch anfangen zu schimmeln und wird dann unbrauchbar. Gibt es um das Haus herum keinen guten Platz zum Trocknen, wird der Herd zu Trockenzwecken umfunktioniert. Dabei darf die Temperatur nicht über 45°C ansteigen, denn sonst werden zu viele Inhaltsstoffe zerstört. Am besten legt man einen Holzlöffel in die Ofentür, die nicht ganz geschlossen werden darf, damit die Feuchtigkeit entweichen kann. Auch hier gilt: Rascheln Blüten und Blätter beim Berühren, ist die Trocknung abgeschlossen.

Wer gern kosmetische Produkte selbst zubereitet oder auch Blüten und Blätter für Tees und anderes trocknet, sollte sich einen Dörrapparat anschaffen. Bei guten Geräten kann die notwendige Temperatur exakt eingestellt werden, eine Luftzirkulation trocknet die Pflanzenteile rundum, und außerdem wird der Herd nicht blockiert.

Kräuter aufbewahren

Naturkosmetik wird ohne Konservierungsstoffe zubereitet. Deshalb stellt man immer nur kleine Gebinde her, die dann schneller aufgebraucht werden können. Damit immer getrocknete Pflanzenteile vorrätig sind, füllt man Blüten und Blätter in dunkle Gläser mit Schraubverschluss und bewahrt diese an einem trockenen Platz auf. Vergessen Sie nicht, die Gläser mit Inhalt und Abfülldatum zu beschriften. Getrocknete Kräuter halten sich etwa ein Jahr. Bis zur neuen Ernte müssen sie aufgebraucht sein.

Wie komme ich an die Inhaltsstoffe?

Um den höchstmöglichen Gehalt an Inhaltsstoffen in den Kräutern zu haben, muss zunächst, wie schon erwähnt, zum richtigen Zeitpunkt geerntet werden. Leicht bedeckte, warme Vormittage sind zum Ernten ideal. Doch wie bekommt man nun die Inhaltsstoffe aus den Pflanzen in Salben, Cremes und andere kosmetische Produkte?

Tee

Um die Wirkstoffe von Heilpflanzen nutzen zu können, gibt es verschiedene Möglichkeiten. Am einfachsten ist es, einen Tee zuzubereiten. Dazu werden meist eine Handvoll Blätter oder Blüten mit kochendem Wasser übergossen. Das Ganze muss dann 10–20 Minuten stehen, dann wird über einen Kaffeefilter abgeseiht. Ein Tee entspricht einem wässrigen Kräuterauszug (siehe Seite 59, Lavendelwasser), der für viele verschiedene kosmetische Produkte verwendet werden kann.

Abkochung

Die Abkochung wird häufig bei Wurzeln und allgemein bei Pflanzenteilen mit einem hohen Bitter- und Gerbstoffgehalt vorgenommen. Die getrockneten Pflanzenteile werden hierbei mit kaltem Wasser übergossen und dann langsam erhitzt. Nach einer Kochzeit von fünf Minuten wird die Abkochung wie beim Tee filtriert. Auch dieses Produkt wird wie ein wässriger Kräuterauszug angewendet.

Ölauszüge und alkoholische Auszüge

Wirkstoffe von Pflanzen lassen sich sehr gut auch mithilfe von Öl und Alkohol ausziehen (siehe Seite 45). Ein Kräuter-Ölauszug wird sehr oft bei der Herstellung von Cremes, Salben und Lotionen verwendet. Ein Auszug mit Alkohol ist eine Tinktur, die vor der Anwendung verdünnt werden muss. Tinkturen sind als Gesichtswasser und -lotionen beliebt.

Natur pur –
Pflanzen für Schönheit und Wohlbefinden

Unsere Haut

Kosmetische Produkte und Verfahren werden zur Unterstützung und Regeneration der Haut eingesetzt. Mit einer durchschnittlichen Größe von 1,5–2 Quadratmetern und einem Gewicht von 5–10 kg ist die Haut nicht nur unser größtes, sondern auch das vielseitigste Organ.

Sie schützt uns gegen die Wirkung physikalischer Kräfte wie Wärme, Kälte, Sonnenstrahlen und Druck, gegen chemische Stoffe und Krankheitserreger. Sie schützt unsere darunterliegenden Organe und dient als Kälteschutz und Fettspeicher. Die Haut ist jedoch nicht nur eine praktische Verpackung, sie ist ein Indikator für unseren Gesamtzustand. Viele Redewendungen tragen dem Rechnung: „Wir fühlen uns wohl in unserer Haut", „Es ist zum Aus-der-Haut-Fahren", „Uns wird die Haut zu eng".

Im Laufe des Lebens durchläuft die Haut natürliche Veränderungsprozesse. Sie wird dünner, die Zellerneuerung verlangsamt sich, Speicherfähigkeit für Feuchtigkeit und Fettgehalt nehmen ab, die Elastizität verringert sich. Diese Prozesse können wir nicht verhindern, wir können jedoch sehr wohl durch Unterstützung die Veränderungen verlangsamen und mildern.

Reinigende und pflegende Produkte gibt es in Drogerien bis hin zum Supermarkt zuhauf. Doch nimmt die Zahl allergischer Reaktionen auf die vielen Zusatz- und Konservierungsstoffe stetig zu und die Liste der Inhaltsstoffe in all den Cremes und Salben ist ellenlang. Immer mehr Menschen entwickeln eine regelrechte Aversion gegen synthetisch hergestellte Produkte, die mitunter mehr schaden als nützen.

Spiegel der Seele

Da die Haut nicht nur eine Körperhülle ist, sondern unseren Allgemeinzustand wiedergibt, ist es auch besonders bedeutend, wie unser seelischer Zustand ist. Körper, Geist und Seele müssen als Einheit angesehen und auch gepflegt werden. Pflegende Naturkosmetik muss also mehr beinhalten als etwas zum „Geschmeidighalten" und zum „Schützen" der Haut.

Welcher Typ sind Sie?

So unterschiedlich, wie die Tier- und Pflanzenwelt ist, so verschieden sind auch die Menschen. Aussehen, Größe, Hautfarbe, Charakter – das alles ist ganz individuell und macht uns einzigartig.

Die menschliche Haut ist auch von Typ zu Typ unterschiedlich. Es gibt Menschen, die haben von Natur aus eine schöne glatte Haut, andere haben dagegen immer Probleme, neigen zu Rötungen und unreiner Haut.

Der Aufbau

Die Haut setzt sich aus mehreren Schichten zusammen. Die Unterhaut besteht aus lockerem Bindegewebe und ist je nach genetischen Voraussetzungen, Alter, Geschlecht und Beanspruchung unterschiedlich stark. Sie ist eine Art Wärmeschutz für die darunterliegenden Organe, speichert Nährstoffe und Wasser.

Darüber liegt die Lederhaut. Bindegewebe und Fasern sind miteinander verflochten und geben so der Haut ihre nötige Elastizität. Die Lederhaut ist gut durchblutet und reguliert dadurch den Wärmehaushalt.

Kosmetische Produkte wirken vor allem auf die Oberhaut, die in Fachkreisen auch Epidermis genannt wird. Sie ist allen äußeren Einflüssen ausgesetzt. Sonne und Hitze, Kälte, Wind, Schadstoffe – die Oberhaut ist ein Schutzschild und mitunter stark beansprucht. Mit den Jahren sieht man oft, wer sich extremen Bedingungen ausgesetzt hat. Gerade bei sonnenverbrannter Haut wird das schnell deutlich. Sie wirkt ledrig und lässt einen oft älter aussehen, als man ist.

Hauttypen

Der Aufbau der Haut ist eigentlich immer gleich, unterschiedlich sind aber die Hauttypen, die sich auf die Oberhaut beziehen. In der Kosmetikbranche spricht man von normaler, fettiger, trockener und reifer Haut. Dann gibt es noch die Mischhaut und die Problemhaut. In welcher Kategorie die eigene Haut liegt, hängt von vielen Faktoren ab, zum Beispiel von äußeren Einflüssen, Alter, Empfindlichkeit.

Der Einsatz der verschiedenen naturkosmetischen Produkte ist stark davon abhängig, welcher Hauttyp vorliegt. Die Wirkstoffe der Pfefferminze können bei fettiger, unreiner und großporiger Haut bestens helfen, während die Ringelblume bei trockener und alternder Haut, aber auch bei verschiedenen Verletzungen gute Dienste leistet.

Die Typen

Hauttyp	Merkmale und Pflege
Normaler Hauttyp	Eine problemlose und pflegeleichte Haut, die nur selten mit Unreinheiten wie Pickeln und Mitessern zu kämpfen hat. Sie sollte gründlich gereinigt, aber nicht über die Maßen gepflegt werden, denn sonst tritt das Gegenteil ein von dem, was man möchte: Die Haut gerät sonst aus ihrem natürlichen Gleichgewicht.
Fettige Haut	Eine eher großporige und glänzende Haut, die wenig Feuchtigkeit enthält, dafür umso mehr Fett. Fette Cremes jeglicher Art sollten vermieden werden. Gesichtsmasken sind hier oft sehr wirksam.
Trockene Haut	Eine dünne Haut, die vermehrt Hautschuppen bildet, rissig und spröde ist. Eine ausgeglichene Feuchtigkeits- und Fettpflege ist ratsam.

Die Auswahl

Viele Pflanzen eignen sich für Badezusätze, Massageöle, Cremes und andere kosmetische Produkte. In der folgenden Auswahl sind jedoch Gewächse zusammengestellt, die erfahrungsgemäß besonders wirksam und hautverträglich und einfach in der Handhabung sind.

Außerdem werden Heilpflanzen vorgestellt, die im Garten oder auch im Topf angebaut werden können und die für den naturnahen Garten gut geeignet sind.

Die Rose

Der Rose soll ein besonderes Kapitel in diesem Buch gewidmet werden. Sie ist für die Schönheit und das Wohlbefinden des Menschen eine unvergleichliche Bereicherung, und ihre Einsatzmöglichkeiten in der Kosmetik sind sehr vielfältig.

Ausnahmen

Nicht jeder hat allerdings genug Platz, um einen Baum im Garten zu pflanzen, zumal die hier vorgestellte Birke recht hoch wird. Es soll dennoch nicht auf die Birke verzichtet werden, denn ihre Inhaltsstoffe sind besonders für Haarpflege außergewöhnlich gut geeignet.

Und auch die Brennnessel passt auf den ersten Blick nicht zu den Heilpflanzen, die man gerne im Garten anbaut. Doch im naturnahen Garten hat sie auf jeden Fall ihren Platz. Wo sie andere Pflanzen nicht im Wachstum behindern sollten Brennnesseln unbedingt sich selbst überlassen bleiben. Sie sind Nahrungspflanzen für bestimmte Schmetterlinge, Kaltwasserauszüge eignen sich als Pflanzendünger und -stärkungsmittel, und noch dazu liefern sie enorm viele Vitamine und sind mittlerweile zum Frühlingsgemüse avanciert. In der Naturkosmetik werden Brennnesseln häufig verwendet.

Brennnesseln sind als Frühlingsgemüse in Bezug auf den Vitaminreichtum von unschätzbarem Wert. (Foto: CCat82/shutterstock.com)

Alant ist ein schöner Sommerblüher.
(Foto: M. Schuppich/fotolia.com)

Alant (*Inula helenium*)

Schon in der Antike wurde Alant als Heil- und Gewürzpflanze genutzt. Im lateinischen Artnamen wurde das berücksichtigt, denn helenium deutet auf Helena hin. Als sie entführt wurde, so lautet eine Sage, soll dort, wo ihre Tränen den Boden benetzt haben, Alant gewachsen sein.

Für den Garten ist Alant eine echte Bereicherung. Die leuchtend gelben Blüten setzen im Sommer von Juli bis September „große" leuchtende Akzente, denn die Staude wird bis

zu 1,5 m hoch. Um gut zu gedeihen, muss man ihre besonderen Ansprüche berücksichtigen: Alant bevorzugt feuchte Plätze und nährstoffreichen Boden.

Im Gegensatz zu den meisten anderen vorgestellten Pflanzen sind die Wirkstoffe des Alant vor allem in der Wurzel konzentriert. Im Frühling und im Herbst können sie ausgegraben und getrocknet werden. Zum Trocknen hängt man die Wurzelstücke an einem luftigen Platz auf. Stechen Sie dazu mit einer Nadel einen Faden durch die Wurzel. Meist wird dann eine Abkochung (siehe Seite 10) der Wurzel gemacht, um die Wirkstoffe zu lösen.

Die Inhaltsstoffe des Alant wirken vor allem antiseptisch und schleimlösend. Da es sich um einen Korbblütler handelt, kann es bei verschiedenen Anwendungen allerdings mitunter zu allergischen Reaktionen kommen.

Bei unreiner Haut kann ein Gesichtswasser aus Alant sehr wirksam sein. Die Inhaltsstoffe sind nützlich bei der Herstellung von Parfüms, denn sie haben eine fixierende Wirkung auf verwendete Aromaöle, sodass Düfte länger halten.

Natur pur – Pflanzen für Schönheit und Wohlbefinden

Alant in Kürze

Verwendete Pflanzenteile: Wurzeln
Inhaltsstoffe: hauptsächlich ätherisches Öl, Bitterstoffe, Inulin
Erntezeit: Frühjahr und Herbst

Arnika (*Arnica montana*)

Arnika ist wohl eine der bekanntesten Heilpflanzen in den Alpenländern. Dass sie vor allem im Gebirge heimisch ist, spiegelt der Artname montana (dt. gebirgig) wider. Ganze Bergwiesen leuchten im Sommer wunderschön gelborange.

In der Natur dürfen Blüten und Blätter nicht gesammelt werden, denn die Pflanze steht unter Naturschutz. In Gärtnereien, die sich auf Wildpflanzen spezialisiert haben, können Arnikapflanzen aber gekauft werden, die im Garten gut gedeihen. Außerdem sind getrocknete Arnikablüten in der Apotheke erhältlich.

Arnika ist eine starke Heilpflanze, die hauptsächlich äußerlich als Tinktur bei Verletzungen aller Art, bei Blutergüssen, Entzündungen durch Insektenstiche, Gelenkentzündungen, Hautentzündungen, Muskelkater, Prellungen, Venenentzündungen und Zerrungen eingesetzt wird. Schon vor Jahrhunderten war Arnikatinktur ein fester Bestandteil der Hausapotheke.

Auch in der Naturkosmetik hat Arnika, im Volksmund liebevoll als Wohlverleih bezeichnet, einen festen Platz. Ein Gesichtsdampfbad aus den Blüten (siehe Seite 64) macht unreine Haut zart und rosig, eine Arnika-Haarspülung kräftigt besonders feines Haar (siehe Seite 87). Wohltuend nicht nur für die Haut, sondern auch für die Seele ist ein Arnika-Ölauszug, der mit verschiedenen anderen Zutaten als Maske auf das Gesicht aufgebracht wird.

Ein wichtiger Hinweis muss noch gegeben werden: Arnika ist sehr intensiv und wird fast ausschließlich verdünnt angewendet. Manche Menschen reagieren auf die Inhaltsstoffe allergisch.

Arnika ist eine Heilpflanze, die Farbe in den Garten bringt. (Foto: oksix/shutterstock.com)

Arnika in Kürze

Verwendete Pflanzenteile: Blüten
Inhaltsstoffe: hauptsächlich ätherisches Öl, Bitterstoffe, Flavone, Arnicin
Erntezeit: Juli bis August (nur im Garten)

Birke (*Betula pendula*)

Von alters her gilt die Birke als heiliger Baum, der für die Fruchtbarkeitsfeste im Frühling die jungfräuliche Göttin symbolisiert. Selbst heute noch werden in vielen österreichischen Dörfern am 1. Mai Bäume aufgestellt und der Frühling gefeiert. Vermutlich liegt die Zuordnung der Birke als Jungfrau an der weißen Rinde, die bei jungen Birken sehr zart und seidig ist.

Die Hänge-Birke, auch Warzen-Birke oder Sand-Birke genannt, ist im europäischen Raum beheimatet. Sie wächst in Parks und oft auch auf Friedhöfen; in Gärten ist sie aufgrund ihrer Größe nicht allzu häufig anzutreffen. Trotzdem darf die Birke im Zusammenhang mit Naturkosmetik nicht unerwähnt bleiben. Will man allerdings an fremden Bäumen Blätter sammeln oder gar den Saft abzapfen, bedarf es zunächst der Genehmigung durch den Besitzer oder einer Behörde. Einfacher ist es sicher, sich den Saft oder die getrockneten Blätter in der Apotheke zu kaufen.

In der Heilkunde werden die Blätter der Birke vor allem im Nieren-Blasen-Bereich und für Haut und Haare eingesetzt. In der Kosmetik findet sie Verwendung bei Haarausfall und Schuppen. Auch Saunaliebhaber können sich die Kraft der Birke zunutze machen: Schlägt man sich mit frisch abgeschnittenen Zweigen kräftig auf die Haut, fördert das enthaltene Betulin die Durchblutung. Neben den Blättern wird auch die Rinde in der Dermatologie eingesetzt. Getrocknet kann sie als Badezusatz bei chronischen Hauterkrankungen gute Dienste leisten.

Besonders wirksam ist der Birkensaft, der in der Kosmetik nicht nur als Haarwasser eingesetzt wird. Er wird zwischen März und Anfang Mai gewonnen. Dazu müssen die Birken allerdings eine bestimmte Größe erreicht haben. 1 m über dem Boden sollte der Stammdurchmesser mindestens 20 cm betragen. Jüngere Birken kommen für die Saftgewinnung nicht infrage.

Der Stamm der Birke hat ihr den Namen Warzen-Birke eingebracht. (Foto: Kletr/shutterstock.com)

Birke in Kürze

Verwendete Pflanzenteile:
Blätter, Saft durch Anzapfen
Inhaltsstoffe:
Gerbstoffe, Bitterstoffe, Saponine, Flavonoide
Erntezeit:
Blätter Mai bis Juni, Saft März bis Mai

Brennnesseln werden in der Haarpflege eingesetzt. (Foto: Aksenya/shutterstock.com)

Brennnessel (*Urtica dioica*)

Die scharfe Brennnessel kennt wohl fast jeder, und es gibt kaum einen Menschen, der nicht früher oder später die Bekanntschaft mit ihren „brennenden" Eigenschaften macht. Daher wird sie auch gern gemieden, obwohl sie als wichtige Heilpflanze eigentlich einen Ehrenplatz in jedem Garten haben sollte. Doch auch wenn mancher Gärtner versucht, sie aus seinem Reich zu verbannen, so ergattert sie sich ihren Platz meist von ganz allein, denn die Brennnessel ist sehr ausdauernd und anspruchslos und wächst fast überall.

Die Brennnessel ist in der Haarpflege ideal geeignet als Haarwuchsmittel und auch gegen Schuppen.

Um die Brennnessel in den angegebenen Rezepturen verwenden zu können, macht man einen wässrigen Auszug. Noch bekannter und einfacher zuzubereiten ist der Brennnesselschnaps. Bis heute hat Brennnesselschnaps nichts von seiner Aktualität verloren. Nicht nur in der Kosmetik, sondern auch in der Hausapo-

theke sollte er unbedingt einen festen Platz bekommen. Bei Magenverstimmung und Sodbrennen kann man zweimal täglich nach dem Essen ein Schnapsgläschen davon trinken.

Der alkoholische Auszug der Brennnessel eignet sich gut als ein Haarwuchsmittel und bei fettiger Kopfhaut.

Brennnesselschnaps

Die frischen Brennnesselblätter zupft man von Ende Mai bis Ende Juni. Man füllt zwei Handvoll frische Brennnesselblätter in ein Glas mit breiter Öffnung, gibt 0,5 l Korn, Weingeist oder Vorlauf darüber, verschließt das Gefäß gut und stellt es sechs Wochen lang an einen warmen sonnigen Platz im Haus. Ab und zu muss die Flasche geschüttelt werden. Nach sechs Wochen wird der hellgrüne Brennnesselschnaps abgeseiht und in einer dunklen Flasche bis zur Verwendung aufbewahrt.

Brennessel in Kürze

Verwendete Pflanzenteile: Kraut
Inhaltsstoffe: hauptsächlich Nesselgift, Histamin, Sekretin
Erntezeit: Mai bis Ende Juni

Frauenmantel (*Alchemilla alpina, A. vulgaris*)

Der Frauenmantel hat im Volksmund verschiedene Namen wie Marienmantel, Liebfrauenmantel, Tränenschön. Fast alle Namen weisen auf ihre heilkräftige Wirkung bei den unterschiedlichsten Frauenleiden hin. Die mehrjährige Pflanze hat eine sehr lange Tradition und war im Mittelalter sogar eine bedeutende Alchemistenpflanze; der Gattungsname Alchemilla weist darauf hin. Grund dafür waren die so genannten Guttationströpfchen, die an den Blattspitzen und Rändern entstehen. Dabei gibt die Pflanze Wasser ab, um den Nährstofftransport in der Pflanze auch bei Wassersättigung zu erhalten. Die Alchemisten wollten aus diesen klaren Tropfen Gold machen.

Typisch für Frauenmantel sind die Guttationstropfen an den Blättern.
(Foto: Jody/shutterstock.com)

Für den Garten eignen sich verschiedene Frauenmantelarten. Als Heilpflanze sind vor allem der Gemeine Frauenmantel und der Silbermantel bekannt.

Zu kosmetischen Zwecken werden die Blätter und Blüten des Frauenmantels geerntet und getrocknet. Ein Tee, der als Gesichtswasser angewendet wird, hilft gut bei unreiner Haut, denn die Inhaltsstoffe der Pflanze wirken adstringierend und entzündungshemmend.

Frauenmantel bringt ruhige, harmonische Akzente in den Garten.
(Foto: Laura Stone/shutterstock.com)

Frauenmantel in Kürze

Verwendete Pflanzenteile:
Blätter, Blüten
Inhaltsstoffe: hauptsächlich Gerbstoffe, Lecithin, Öl- und Linolsäure
Erntezeit: Mai bis August

Johanniskraut ist ideal zum Trocknen geeignet.
(Foto: Shulevskyy Volodymyr/shutterstock.com)

Johanniskraut (*Hypericum perforatum*)

Das Johanniskraut ist wohl eine der bekanntesten und typischsten Sommerpflanzen. Sein Name stammt vom Johannistag am 24. Juni ab und weist auf Johannes den Täufer hin, aus dessen Blut es hervorgegangen sein soll.

In den Tagen um die Sommersonnenwende öffnet das Johanniskraut seine leuchtend gelben Blüten an Wegrändern, lichten Gebüschen, Böschungen und sogar auf Schuttplätzen und selbstverständlich auch in unseren Gärten.

Wie kaum eine andere Pflanze ist das Johanniskraut mit der Sonne assoziiert, dessen Kraft sie an den längsten Tagen des Jahres auf-

nimmt, um sie in den dunklen Tagen des Winters an uns Menschen abzugeben. Das Johanniskraut bringt wärmende Sonnenstrahlen in depressive Gemüter. Das wusste schon Paracelsus im Mittelalter, und heutzutage wird dieses Wissen sogar von der Schulmedizin bestätigt.

Das wohl am häufigsten verwendete kosmetische Produkt ist das Johanniskrautöl.

Es ist ein Universalhausmittel, das man sowohl als Massageöl, Gesichtsöl und auch zur Zubereitung einer Gesichtscreme verwenden kann.

In den Fertigprodukten findet man zahlreiche minderwertige Ersatzerzeugnisse. Es empfiehlt sich deshalb ganz besonders, das echte, naturreine Öl selbst herzustellen. Bewährt hat sich das Johanniskrautöl zur Behandlung von kleinen Verletzungen, als Einreibung bei Muskelverletzungen und Blutergüssen, bei Blasen und Frostbeulen. Als Massageöl bei Gelenk- und Gliederschmerzen ist es ebenso zu empfehlen wie als Hautpflegemittel der trockenen und entzündungsbereiten Haut.

Johanniskraut in Kürze

Verwendete Pflanzenteile:
das blühende Kraut, Blüten
Inhaltsstoffe: hauptsächlich Nesselgift,
Histamin, Sekretin
Sammelzeit: Juni bis Ende August

Kamille
(*Matricaria chamomilla, M. recutita*)

Die Kamille ist eine der beliebtesten Heilpflanzen in Europa. Zu Recht verwendeten schon im Mittelalter viele Mönche die Kamille für alle Arten von Beschwerden, denn sie kann als wahrer „Tausendsassa" eingesetzt werden. Ihr typischer Geruch, der uns an den Tee in Kindertagen erinnert, den es bei Magenschmerzen und Unwohlsein gab, steigt allein beim Gedanken an die schöne Pflanze in die Nase.

In der Natur ist die Kamille nur noch selten anzutreffen, denn sie liebt die Nähe von Getreide, behindert dann aber oftmals die Ernte, sodass die Bauern das heilkräftige Gewächs häufig bekämpfen. Sie darf aufgrund ihrer Seltenheit am Naturstandort nicht gepflückt werden, im Garten lässt sie sich dagegen gerne ansiedeln. Allerdings benötigt sie einen sonnigen Standort und am besten einen sandigen, nicht allzu nährstoffreichen Boden. Wenn sie sich wohlfühlt, wird die Kamille ein Dauergast.

Die getrockneten Kamillenblüten kann man zu Tinkturen, als wässriger Kräuterauszug oder auch zu ätherischem Öl verarbeiten. Kamille reinigt, beruhigt und erfrischt und wirkt bei innerlicher und äußerlicher Anwendung vor allem gegen Entzündungen und Hautunreinheiten. Unterstützen kann man die heilende und beruhigende Wirkung, wenn man dem warmen Kamillenaufguss einen Löffel Bienenwachs zusetzt.

In der Naturkosmetik wird die Kamille verwendet bei Hautentzündungen, Hautschmerzen, Akne, Brand- und Schnittwunden, zur Wundheilung und bei Ausschlägen. In der Haarpflege ist sie besonders als Aufheller für blondes Haar beliebt.

Kamille ist ein echtes Allroundtalent.
(Foto: Picture-factory/fotolia.com)

Kamille in Kürze

Verwendete Pflanzenteile: Blüten
Inhaltsstoffe: ätherische Ölkomponente alpha-Bisabolol, Apigenin, Flavonoide, Cumarine
Erntezeit: Mai bis Juli

Von Lavendel kann man nicht genug bekommen.
(Foto: Jenny Lilly/shutterstock.com)

Lavendel
(*Lavandula angustifolia*)

Lavendel zählt zu den beliebtesten Heilpflanzen in unseren Gärten. Der wohlriechende Duft erinnert uns an Frankreich, wo er auf großen Feldern wächst. Die volkstümlichen Bezeichnungen des Lavendels lauten Tabaksblüten, Spikatblüten und Schwindelkraut.

In unseren Gärten wird die Duftpflanze gerne angepflanzt. Sie passt in Rabatten und den Kräutergarten, macht sich auf der Kräuterspirale in der oberen Zone sehr gut und ist auch als Beeteinfassung eine wunderschöne Zierde.

Wer Lavendel für kosmetische Zwecke verwenden möchte, muss auf seine Zierwirkung im Garten allerdings weitestgehend verzichten. Die Blüten müssen nämlich geerntet werden, wenn sie sich gerade öffnen. Zu dieser Zeit ist der Gehalt an ätherischen Ölen am höchsten.

Als mediterranes Gewächs verträgt Lavendel normalerweise nicht allzu tiefe Temperaturen. Es gibt aber mittlerweile schon einige Sorten, die selbst bei schweren Kahlfrösten im Garten überdauern. Und auch Topfgärtner können sich den Hauch von Süden auf Balkon und Terrasse holen.

Schon die alten Griechen und Römer gaben Lavendel ins Badewasser; der lateinische Name leitet sich deshalb auch vom Wort „lavare" für waschen ab.

Auf Insekten und allerlei Schädlinge hat Lavendel einen abschreckenden Einfluss. Früher wie heute werden deshalb Lavendelsäckchen in Kleiderschränke gelegt. Die Motten bleiben fern und die Kleidung und Wäsche duften.

Das ätherische Öl des Lavendels beruhigt und reinigt und wirkt auf verschiedenste Weise heilsam auf den Menschen. Der Duft wirkt wohltuend auf das zentrale Nervensystem und auch auf die Bronchien. In der Hausapotheke sollte Lavendelöl nicht fehlen. Einige Tropfen davon aufs Kopfkissen geträufelt, entspannt und sorgt für einen ruhigen Schlaf. Vor allem aber als Massageöl ist Lavendel unübertroffen. Getrocknete Lavendelblüten und -blätter können außerdem dem Badewasser zugesetzt werden. Der Duft entspannt bei Nervosität und macht froh.

Lavendel in Kürze

Verwendete Pflanzenteile: Blüten
Inhaltsstoffe: hauptsächlich ätherisches Öl, Saponin, Gerbstoffe
Sammelzeit: Juli bis Ende August

Melisse
(*Melissa officinalis*)

Die Melisse, oder auch Zitronenmelisse, ist ein anspruchsloses Pflänzchen, und wenn man sie im Garten anbauen will, wird sie wenig Mühe machen. Sie wächst rasch und man kann die üppig wuchernde Pflanze für viele Zwecke verwenden.

Im Sommer sind Melissenblüten und -blätter nicht nur köstliches Beiwerk von Salaten und Süßspeisen, sie passen auch ausgezeichnet in viele kalte Soßen und Suppen.

Der botanische Name der Melisse stammt aus dem Griechischen und bedeutet „Honigbiene". Und tatsächlich tummeln sich an blühenden Melissepflanzen viele Bienen. Im naturnahen Garten darf sie deshalb nicht fehlen und wird gerne als Bienenweidepflanze eingesetzt.

Als Bienenweidepflanze sollte Melisse in keinem Garten fehlen.
(Foto: Simone Andress/shutterstock.com)

Im Mittelalter musste sogar per Verordnung in jedem Klostergarten Melisse angebaut werden, die schon damals für sehr wertvoll und unentbehrlich gehalten wurde. Karl der Große sorgte mit dem „Capitulare de Villis" dafür, dass viele nützliche und heilkräftige Kräuter, Gemüse und Obstgehölze angebaut wurden.

Melisse riecht beim Zerreiben leicht zitronenartig, daher wird sie oft auch Zitronenmelisse genannt. In der Heilkunde wird sie vor allem als herzstärkendes Mittel geschätzt und als Tee verabreicht. Man rechnet einen Teelöffel getrocknetes zerkleinertes Kraut für eine Tasse kochendes Wasser. Bei Schlafstörungen kann man dieses Kraut zu gleichen Teilen mit Baldrian vermischen und als Tee zubereiten.

Zur Verwendung als Schönheitsmittel pflückt man die obersten Sprossen und die Blätter zwischen Juni und September und lässt sie im Schatten trocknen.

Gesichtsdampfbäder, Kompressen und Einreibungen vom Aufguss der Melisse bei schlecht durchbluteter und schlaffer Haut sind äußerst effektiv. Sie wirkt erfrischend und stärkend und auf milde Weise desinfizierend.

Melisse in Kürze

Verwendete Pflanzenteile:
das ganze Kraut
Inhaltsstoffe: hauptsächlich ätherisches Öl, Bitterstoffe, Harz
Sammelzeit: Juni bis Juli

Die rötlich gefärbten Stängel der Pfefferminze sind gut zu erkennen.
(Foto: Maria Komar/shutterstock.com)

Pfefferminze (*Mentha × piperita*)

Die Pfefferminze ist beliebt als erfrischender Kräutertee, der im Sommer gern kalt, im Winter warm getrunken wird. Blätter und Blüten machen sich außerdem gut als Dekoration auf Nachspeisen. Aber Pfefferminze schmeckt nicht nur gut, sie hat auch eine starke Heilwirkung.

Es handelt sich bei dem Kraut um eine Kreuzung aus Grüner Minze und Wasserminze. Für das außergewöhnlich scharfe und zugleich erfrischende Geschmackserlebnis ist der hohe Mentholgehalt der Pflanze verantwortlich. Aus gutem Grund wird Menthol Zahnpasta, Kaugummi und Rasierwasser zugesetzt.

Die Pfefferminze erkennt man an ihrem rötlichen Stängel, an den länglich spitzen und rötlich angelaufenen Blättern. Einmal im Garten angesiedelt, erobert sie sich schnell ihren Platz und breitet sich auch gerne aus. Mitunter unterdrückt sie sogar weniger starke Pflanzen. Am besten bietet man ihr Einhalt, indem bei Pflanzen eine Wurzelsperre gesetzt wird. In der Kräuterspirale passt sie am besten in die mittlere Zone.

Im Gegensatz zu vielen anderen Kräutern werden Blätter und Blütentriebspitzen der Pfefferminze am besten bei strahlendem Sonnenschein um die Mittagszeit geerntet. Dann ist ihr Gehalt an hochwertigem Öl in den Blättern am höchsten. Die Heilwirkung der Pflanze beruht in erster Linie auf dem ätherischen Pfefferminzöl, das wiederum 50–90 % Menthol enthält.

Pfefferminzkompressen sind ein ideales kosmetisches Mittel bei fahler, schlaffer und unreiner Haut. Die Pfefferminze fördert die Durchblutung, klärt, wirkt erfrischend und angenehm auf der Haut. Innerlich eingenommen hilft die Pfefferminze bei Gallenbeschwerden, bei Magen- und Darmbeschwerden. Man verwendet zwei Teelöffel der Blätter und Blütentriebspitzen auf eine Tasse Wasser.

Bei Babys und Kleinkindern darf Minzöl nicht angewendet werden!

Pfefferminze in Kürze

Verwendete Pflanzenteile: Blätter, Blüten
Inhaltsstoffe: hauptsächlich ätherische Öle, Gerbstoffe, Bitterstoffe, Enzyme
Erntezeit: im Frühsommer

Ringelblumen bringen Farbe in den Garten. (Foto: Vahan Abrahamyan/shutterstock.com)

Ringelblume (*Calendula officinalis*)

Eine der bekanntesten Heilpflanzen in Österreich ist die Ringelblume. Sie ist nicht nur als Heilpflanze bekannt, sondern steht auch in vielen Gärten als besonders schön blühende Zierpflanze. Ab Juni taucht sie viele Gärten in ein leuchtendes Orange und Gelb.

Fühlt sich die Ringelblume im Garten wohl – sie liebt sonnige Standorte –, samt sie sich von selbst aus, wenn Sie einige Pflanzen stehen lassen, bis sich Samen gebildet haben. Wie zufällig tauchen dann die robusten Blumen zwischen Gemüse und im Staudenbeet auf und setzen den ganzen Sommer über Farbtupfer.

Ihre Blüten sind ein hervorragendes Heilmittel, was die starke Verbreitung der Ringelblumensalbe und anderer Ringelblumenprodukte nicht nur in den alpinen Ländern erklärt. Bei Wundliegen und offenen Beinen hat sich beispielsweise eine Salbe aus Ringelblumen bewährt.

Vorsicht ist nur in seltenen Fällen geboten: Der Korbblütler kann bei anfälligen Menschen Allergien hervorrufen.

Die Ringelblume hat neben ihren heilenden auch starke hautpflegende Eigenschaften. Klar, dass sie bei derartigen Vorzügen von der Kosmetikindustrie nur zu gerne verarbeitet wird. Leider wird sie jedoch häufig nur in geringsten Mengen eingesetzt, um dann dem betreffenden Produkt ein medizinisches Image zu verpassen.

Die Ringelblume wird schon sehr lange zur Schönheitspflege eingesetzt. Um den Wirkstoff der Ringelblume, das Calendulin, in die diversen Produkte einarbeiten zu können, muss vorher ein Öl angesetzt werden.

Was die Ringelblume kann:

· Sie fördert die Wundheilung und wirkt daher der Ausbildung von Narben entgegen.
· Sie stimuliert die Neubildung von Hautzellen. Die Haut bleibt dadurch länger jung. Sie wirkt entzündungshemmend und beruhigend, eignet sich daher vor allem für empfindliche und leicht reizbare Haut.
· Sie verhindert Hautverhärtungen, die Haut wird weich und geschmeidig.
· Sie verbessert die Durchblutung, erhöht die Spannung der Haut und macht die behandelten Hautpartien wieder frisch und rosig.

Man kann die Ringelblume auch innerlich anwenden, um Verdauungsbeschwerden zu lindern, und sie hilft bei typischen Frauenleiden.

Ringelblume in Kürze

Verwendete Pflanzenteile: Blüten
Inhaltsstoffe: hauptsächlich ätherisches Öl, Bitterstoffe, Saponine, Glykoside, Flavonoide
Erntezeit: Juni bis Oktober

Rosmarin (*Rosmarinus officinalis*)

Rosmarin ist im Mittelmeerraum heimisch, er wird aber auch gerne bei uns in unseren Gärten angebaut. In jedem sonnigen Garten kann man den Rosmarin anpflanzen, der uns als köstliches Küchengewürz ebenso wie als gutes Heilmittel dient.

Als mediterraner Halbstrauch ist der Rosmarin etwas empfindlich gegenüber Kälte. Es gibt allerdings mittlerweile recht robuste Sorten, die auch unsere Winter in Österreich und Deutschland überstehen. Der Rosmarin eignet sich aber auch sehr gut zur Kultivierung im Topf und kann dann in der kalten Jahreszeit im Haus überwintern.

Die Blüten und das Kraut werden im Schatten getrocknet, denn erst in der getrockneten Pflanze kommt das wertvolle Rosmarinöl voll zur Entfaltung.

Wer unter unreiner Haut leidet, sollte die Speisen mit viel frischem Rosmarin und Thymian würzen. Getrockneter Rosmarin wirkt bei innerer und äußerer Anwendung durchblutungsfördernd, er steigert die Sekretion der Talgdrüsen und reinigt verstopfte Poren, deshalb sind auch warme Gesichtsdampfbäder mit Rosmarin sehr zu empfehlen. Die Tinktur vom Rosmarin gilt als vorzügliches Mittel zum Einreiben bei Nervenschmerzen. Morgendliche Armbäder in Wasser mit ätherischem Rosmarinöl können kleine Wunder wirken. Aber auch sonst hat er ein breites Wirkungsspektrum.

Rosmarin gedeiht in Töpfen auf sonnigen Terrassen und Balkonen.
(Foto: Diana Talium/shutterstock.com)

Pfarrer Kneipps Rosmarinwein

Bei Überanstrengung und geistiger Erschöpfung empfahl Pfarrer Kneipp einen Rosmarinwein. Dafür lässt man 70 g Rosmarinblätter in 1 l gutem Weißwein vier Tage lang durchziehen, bevor man die Blätter abseiht. Dreimal am Tag soll vor den Mahlzeiten ein Schnapsgläschen davon getrunken werden.

Rosmarin in Kürze

Verwendete Pflanzenteile:
Blätter, Blüten
Inhaltsstoffe: hauptsächlich ätherisches Öl, Terpene, Thymol, Verbanol, Gerbstoffe, Saponine
Erntezeit: April bis Mai

Salbei ist ein ausgezeichnetes Küchenkraut
mit heilkräftigen Wirkungen.
(Foto: neil langan/shutterstock.com)

Salbei (*Salvia officinalis*)

Schon sein botanischer Name zeichnet den
Salbei als heilkräftige Pflanze aus, denn Salvia
stammt von salvare und bedeutet nichts anderes als „heilen". Wie Rosmarin und Lavendel
ist der Echte Salbei ein „Kind" des Mittelmeer-
raums. Doch die Gattung Salvia ist groß, und
so kommen einige Arten auch wild wachsend
in Österreich und Deutschland vor, zum Beispiel der Wiesen-Salbei (*Salvia pratensis*).

Für uns Gärtner lohnt sich der Anbau des
Echten Salbei, denn sowohl als Gewürz wie als
Heilmittel kann man ihn gut gebrauchen. Er
bevorzugt sonnige Standorte und kann lange,
von Mai bis in den September, geerntet werden. Zum Würzen benötigt man nur wenige
Blätter, denn das Kraut schmeckt sehr intensiv.

Als Heilpflanze kann Salbei bei Erkältungskrankheiten eingesetzt werden. Durch seine
adstringierende und desinfizierende Wirkung
ist er bei Halsschmerzen und Halsentzündun-
gen die Heilpflanze der Wahl. Als Tee ist der
Salbei vor allem blutreinigend und schweiß-
regulierend, und man sollte ihn öfter trinken,
wenn man zu übermäßiger Schweißabsonde-
rung neigt.

Salbeitee

Für die Zubereitung des Tees rechnet man
einen Teelöffel getrockneten und zerkleiner-
ten Salbei auf eine Tasse kochendes Wasser.
Nach zehn Minuten wird das Kraut abgeseiht
und der Tee ist fertig. Dieser Tee kann auch
ins Badewasser gegeben werden und wirkt
dann eindämmend auf übermäßige Schweißbildung.

In der Naturkosmetik wird Salbei durch seine
antiseptischen und reinigenden Eigenschaften
deshalb zur Behandlung von Akne empfohlen.
Außerdem wirkt er gut gegen Haarausfall.

Salbei in Kürze

Verwendete Pflanzenteile:
Blätter
Inhaltsstoffe: hauptsächlich ätherisches
Öl, Salviol, Gerbstoffe, Betulin, Kampfer
Erntezeit: Mai oder September vor
oder nach der Blüte

Schafgarbe (*Achillea millefolium*)

Als typische Wildpflanze nicht nur unserer Breiten ist die Schafgarbe auf Brachflächen und Wiesen anzutreffen. Ihr botanischer Name zeugt ebenfalls von ihrer Heilkraft, denn der Feldherr Achilles hat der Schafgarbe zu ihrer Bezeichnung verholfen. Er wurde bei der Belagerung von Troja vom vergifteten Pfeil des schönen Paris getroffen und tödlich an der Ferse verwundet. Die Göttin Aphrodite riet ihm unter Tränen, mit Schafgarbe seine Schmerzen zu lindern. Im Volksmund heißt die Schafgarbe deshalb mitunter auch Achillenkraut, Venusaugenbrauen- und Jungfernaugenbrauenkraut. Die deutsche Bezeichnung Schafgarbe stellt

Schafgarbe ist sehr anspruchslos.
(Foto: Mark Herreid/shutterstock.com)

aber noch einen anderen Bezug her: Das Kraut wird nämlich sehr gern von Schafen verspeist!

Nicht in jedem Garten findet man Schafgarbe, die durch ihren Wildcharakter eher als Unkraut angesehen wird. In den naturnahen Garten passt sie aber hervorragend. Sie ist in Bezug auf ihren Standort recht anspruchslos und liefert schöne Blütenstände, die in sommerliche Sträuße ebenso wie in Trockengestecke passen.

Als Heilpflanze hat die Schafgarbe nicht nur seit Achilles eine lange Tradition. Sie wirkt krampflösend und entzündungshemmend. Neben ihren Wundheilungskräften wirkt ein Tee aus den Blüten und Triebspitzen gut bei Erkältungskrankheiten.

In der Kosmetik ist Schafgarbe vor allem bei fettigem Haar wirkungsvoll und wird häufig Shampoos zugesetzt. Aber auch Umschläge aus dem Tee sind nützlich. Sie wirken bei entzündlichen Hauterkrankungen.

Vorsicht kann für Allergiker geboten sein, denn das Kraut ist ein Korbblütler, der Hautreizungen und ähnliche Reaktionen hervorrufen kann.

Schafgarbe in Kürze

Verwendete Pflanzenteile:
Blüten und Triebspitzen
Inhaltsstoffe: hauptsächlich ätherisches Öl, Flavonoide, Bitterstoffe, Gerbstoffe
Erntezeit: Mai bis Juni

Die Rose –
königliche Hautpflege

Königin der Blumen

Die Rose ist wohl eine der bekanntesten Pflanzen in unseren Gärten. Wie keine andere Blume ist die Rose omnipräsent. Ob in Asien oder in den USA, ob in Skandinavien oder in Neuseeland, überall trifft man sie an: Den Strauch findet man in Gärten, der Duft wird in Parfüms oder in kosmetischen Produkten konserviert.

Feste und Zeremonien sind undenkbar ohne die Rose. Und das nicht nur seit der modernen Zeit mit ihren schnellen Informations- und Handelswegen.

Die Rose, auch in ihrer Urform als ein mit Stacheln besetzter Strauch mit ungefüllten, fünfblättrigen Blüten, die rosa oder dunkelrot ausgefärbt waren, hat die Menschen nicht nur wegen ihrer Schönheit beeindruckt. Vielleicht war es die Kombination von der Wehrhaftigkeit des Strauches, der Zartheit der Blüte und dem süßen vollen Duft, vielleicht waren es die schon seit jeher bekannten medizinischen und kosmetischen Indikationen, welche die Menschen dazu gebracht haben, sich näher mit dieser wunderbaren Pflanze zu beschäftigen.

Antike Spuren

In der hoch entwickelten Zivilisation von Ur, einer der Frühkulturen am Euphrat, wurde schriftlich festgehalten, dass die Königin Sargon (2648–2630 v. Chr.) unter den Beutestücken eines Feldzugs auch Rosen für die königlichen Gärten heimbrachte. Im Palast von Knossos wurden bei Ausgrabungen Abbildungen von verschiedenen Blumen und Pflanzen, darunter die Rose, gefunden. Die Datierung dieser Wandmalerei wird auf ca. 4000 Jahre geschätzt. Sappho, die griechische Dichterin, die wie keine andere Frau in der Antike die Kunstform der Lyrik prägte, ernannte die Rose zur „Königin der Blumen".

Auch in der römischen Mythologie findet die Rose Erwähnung. Der weiße Schaum, aus dem Aphrodite geboren wurde, verwandelte sich in weiße Rosen, heißt es. Und als ihr eifersüchtiger Ehemann Aphrodites Geliebten tötet, eilt sie zu ihm und tritt dabei in die Stacheln der bis dahin nur weißen Rosen. Ihr Blut färbt die Rosen rot. Und so bekamen die beiden Farben der Rosen ihre Bedeutung: rote Rosen für Leidenschaft und Begehren, weiße Rosen für Reinheit.

In der „Ilias" von Homer wird der Leichnam des Helden Hektor mit Rosenöl gesalbt. Das Schild des Achilles war nach alter Sitte mit Rosen dekoriert, Europa, die von Zeus in Gestalt eines weißen Stiers entführt wurde und unserem Kontinent den Namen gab, trug einen Strauß Rosen dabei.

Aber immer schon war die Zuordnung der Rose eindeutig weiblich. Isis, der Muttergestalt der ägyptischen Mythologie, war die Rose geweiht. Die Römer, die bei dem Aufbau ihres Riesenreichs immer die Religion der eingenommenen Gebiete respektierten und deren Hauptgötter auch in Rom verehrten, brachten den Rosenkult der Ägypter und Griechen nach Mitteleuropa.

Die Rose im Christentum

Die im Luxusleben verankerte Rose war der neu entstandenen Religion, dem Christentum, nicht ganz geheuer. Nach dem Niedergang des

Gefüllt blühende David Austin Rosen sind sehr beliebte Gartengehölze.
(Foto: Lena Sanver/shutterstock.com)

Römischen Weltreiches wurde die Rose als „heidnische Blume" mit Verachtung bestraft. Doch in der Bevölkerung war die Vorliebe für die Rose nicht auszumerzen, und so wurde sie in die neue Religion integriert.

Mariengebete, der Rosenkranz und auch die verschiedenen Heiligenlegenden zeugen von der Rose mit ihrer hohen Symbolkraft. Die heilige Elisabeth fand beispielsweise auf einmal weiße Rosen in dem Korb anstatt Nahrungsmittel für die notleidende Bevölkerung. Als die Rose ihren ursprünglichen Stellenwert wiederbekam, tauchte sie auch in den Klostergärten auf. Damit war der Weg wieder frei, um sich wissenschaftlich mit dieser Pflanze zu beschäftigen. Die europäische Medizin begann bei den Mönchen, die das Gesundheitswesen und die Medizin unter sich hatten. Leider ging viel vom Volkswissen verloren, es ging mit den „weisen Frauen", die der Hexerei bezichtigt wurden, unter.

Alte und Neue Rosen

Um 1800 nahm sich die Züchtung der Rose an. Aus dieser Zeit datiert die Trennung der „Alten" und der „Neuen" Rosen. Wobei das Ziel der Kreuzungen vor allem auf Aussehen und Wuchs und nicht auf die therapeutischen Inhaltsstoffe und den typischen Rosenduft gerichtet war.

Heute ist eine Renaissance der duftenden, stark gefüllten Rose, die oft nur einmal im Sommer blüht, festzustellen. Die zwar elegante, aber duftlose Rose mit der schlanken Knospe und den starken Farben hat die Hauptbedeutung nur noch als Schnittblume. Aber nach wie vor gilt:

„Man schenkt die Rose nicht allein, man gibt sein Herz auch hinterdrein" (aus der Operette: „Der Vogelhändler").

Kleiner botanischer Exkurs

Die Familie der Rosengewächse (Rosaceae) umfasst mehr als 3000 Arten. Dazu gehören sogar Obstsorten wie Äpfel und Birnen. Die Gattung Rosa weist über 100 Wildsorten auf, mit den Züchtungen zusammen kommt man fast auf 10 000.

Es wird angenommen, dass sich die Rose unabhängig als verschiedene Wildformen in Zentralasien und Westeuropa entwickelte. Es existieren schon früh verschiedene Unterarten, die durch natürliche Kreuzung und relativ rasch durch Eingreifen des Menschen entstanden. So kommen zum Beispiel im Kaukasus einige gefüllt blühende Wildrosen vor. In der Antike ist schon ein schwunghafter Handel mit dem „Kulturgut Rose" belegt.

Rosen sind seit Jahrhunderten die beliebtesten Schnittblumen.
(Foto: elbefoto/fotolia.com)

Die drei wichtigsten Rosenarten

Bei allen Rosen, die heute gezüchtet werden, handelt es sich um Kreuzungen und Weiterentwicklung dieser Grundformen.

Art	Beschreibung
Rosa canina	Die Hunds-Rose ist eine reine Wildrose mit fünf Blütenblättern und zartem Duft. Sie kommt heute noch als stacheliges Untergehölz vor und gilt als Urform der Rose. Der lateinische Name ist eine Übersetzung aus dem Griechischen und wurde bereits von Plinius als Sammelbegriff für verschiedene Wildrosen verwendet. Die Blütenblätter der Rosa canina enthalten unter 1 % eines ätherischen Öls, das hauptsächlich Geraniol (bis zu 75 %), Citronell (20 %) und Nerol aufweist. Eine große Anzahl von Spurenverbindungen, wie ß-Damasceonon, vertieft das Aroma. Bestimmend für den typischen Rosengeruch ist 2-Phenylethanol.
Rosa gallicia	Die Essig-Rose ist bereits aus einer Züchtung hervorgegangen, die wahrscheinlich aus dem persischen Raum stammt. Die Rose verströmt einen intensiven Duft, zeichnet sich durch hohe Widerstandskraft aus und hat fünf rötliche Blütenblätter. *Rosa gallicia* wurde sehr stark in der Rosenzucht eingekreuzt, die Unterart *Rosa gallicia* var. *officinalis* wurde bereits im Mittelalter von den Mönchen für Heilzwecke kultiviert.
Rosa damascena	Die Damaszener-Rose stammt aus dem syrischen Gebiet und fand ihre Verbreitung durch die Kreuzritter. Die bereits gefüllte, zartrosa Blüte wird zur Ölgewinnung genutzt. Noch heute wird diese Rose in großen Gebieten, z. B. in Bulgarien, kultiviert. Durch ihre Widerstandskraft ist keine „intensive Bewirtschaftung" notwendig. Somit kann ein naturreines Rosenöl und Rosenwasser in höchster Qualität garantiert werden.

Verwendung der Rose

Die Rose ist seit Menschengedenken ein Symbol für drei wichtige Eigenschaften:

Schönheit: Eine Rosenblüte, egal ob die fünfblättrige Urform oder die üppige Blüte der Hundertblättrigen Rose (*Rosa centifolia*) und ihrer vielen Arten, gehört zu den Dingen, die uns Menschen anrühren. Die zarte, durchschimmernde Struktur des einzelnen Blattes, die Ästhetik der Knospe und der voll erblühten Blume wurde seit jeher als Synonym für Schönheit und auch Geheimnis des Werdenden benutzt.

Duft: Der zarte, süße Rosenduft ist unvergleichlich. Die Harmonie der Duftstoffe spricht den Menschen in seiner Ganzheit an und wird daher schon immer für therapeutische Zwecke in der ganzheitlichen medizinischen Behandlung und Vorbeugung verwendet.

Wehrhaftigkeit: Wenn eine so schöne Pflanze einerseits so sanft und berührend ist, andererseits aber so starke Stacheln und Stiele entwickelt, spricht diese Kombination jeden Philosophen an.

Bei einer ganzheitlichen Betrachtungsweise offenbart sich, dass die „Königin der Blumen" diese Bezeichnung zu Recht trägt. Die Rose vereint Stärke mit Sanftheit, Wehrhaftigkeit und Offenheit, Süße und Unnahbarkeit.

Rosen im naturnahen Garten

Aus unseren Gärten ist die Rose nicht mehr wegzudenken. Ihre Sortenvielfalt ist so hoch, dass sie für jeden Gartenstil, jede Gartengröße und auch für Balkon und Terrasse geeignet ist.

Auch im naturnahen Garten hat die Rose ihren festen Platz, doch hier sind es die wild wachsenden und die ungefüllt blühenden Arten, die für eine Bepflanzung und auch für die Nutzung als Heilpflanze ausgewählt werden sollten. Ungefüllte Blüten produzieren reichlich Pollen, die von Bienen sehr gern angenommen werden. Bei gefüllt blühenden Sorten haben Bienen dagegen keine Chance. Sie kommen an den Pollen nicht heran. Außerdem sind viele gefüllt blühende Sorten steril, das heißt, sie produzieren gar keinen Pollen.

Ungefüllte Blüten liefern Pollen für Bienen.
(Foto: Irina Afonskaya/shutterstock.com)

Königliche Schönheit

Seit jeher wird die Rose für verschiedene Bereiche verwendet. Wir wollen mit dem Verschenken von Rosen Freude bereiten, und sie wird in der Medizin und auch in der Kosmetik eingesetzt.

Zur kosmetischen Nutzung wird von der Rose Rosenöl und Rosenwasser gewonnen. Früher wurden auch die pulverisierten Blütenblätter als Färbemittel für Lippenfarbe und Rouge eingesetzt.

Gewinnung von Rosenöl

Rosenöl wird durch Wasserdampfdestillation oder Extraktion gewonnen. Für den kosmetischen Bereich ist die Wasserdampfdestillation wichtig, da dabei weder Lösungsmittelrückstände noch Unreinheiten auftreten.

Schon in den alten ägyptischen Hochkulturen mit der hoch entwickelten „Parfümkunst" wurden Fett- oder Ölauszüge von Rosen hergestellt. Dabei wurden frisch geerntete Blütenblätter mit geruchsarmen Ölen und Fetten bedeckt, bis diese die Duftstoffe der Blüten aufgenommen hatten. Danach wurden die Fette leicht geschmolzen, wodurch sich die Duftstoffe freisetzten, die Pflanzenrückstände entfernt und die Fette geformt. Die Duftkegel, die die Ägypter auf ihren Perücken befestigt hatten, sind auf diese Weise produziert worden.

In Indien wurden Duftauszüge schon früh mit einfachen Destillationsgeräten hergestellt. In einer Grabanlage in Pakistan fand man sogar ein Tongefäß, das zur Destillation verwendet wurde (ca. 3000 v. Chr.). Die noch immer aktuelle Prozedur der Wasserdampfdestillation beschrieb allerdings erstmals der persische Arzt und Philosoph Abu Ali Ibn Sina (980–1037). Ibn Sina wurde im europäischen Raum Avicenna genannt, sein Hauptwerk, „Die Genesung der Seele", wurde in der abendländischen Medizin bekannt, wenngleich seine Komplexität leider keinen Eingang in unsere Medizin fand.

Die Prozedur heute

Frühmorgens, bevor die Sonne hoch steht, werden händisch die Blüten der Rosen geerntet. Vor Mittag noch werden die Blütenblätter in der Destillerie verarbeitet, da eine Lagerung einen großen Qualitäts- und Quantitätsverlust bedeuten würde.

Die Blüten werden in einen Pflanzenkessel gefüllt und von Wasserdampf durchströmt, der die Inhaltsstoffe löst. Nach der Abkühlung sinkt das Wasser und das gelöste Öl schwimmt auf der Oberfläche. Dieses Öl wird abgeschöpft und gleich abgefüllt. Der ausgekühlte Wasserdampf hat sich beim Destillationsvorgang in Rosenwasser, auch Rosenhydrolat genannt, verwandelt. Es hat die wasserlöslichen Inhaltsstoffe der Rose in sich aufgenommen und duftet intensiv nach Rosen. Das Rosenöl riecht, da es so hochkonzentriert ist, nicht nur blumig, sondern hat zu dem süßen Blütenduft noch eine leicht holzige, erdige Duftkomponente. Reines Rosenöl ist klar, gelblich bis leicht grünlich und kristallisiert bereits bei einer Raumtemperatur von 15 °C. Rosenöl und das bei der Produktion entstehende Rosenwasser unterscheiden sich im Duft, da das für den lieblichen, süßen Duft verantwortliche 2-Phenylethanol sich stärker im Wasser löst und daher duftbestimmend für das Rosenwasser ist.

Die Verwendung der Rose in der Naturkosmetik

Panschereien

Reines Rosenöl hat seinen Preis. Immerhin werden für die Herstellung von 1 l ca. 4000 kg Rosenblätter benötigt. Es ist verständlich, dass bei einem so hohen Aufwand Rosenöl schon immer gefälscht und gepanscht wurde.

Auch ein chemischer Nachbau, ein sogenanntes naturidentes Rosenöl, ist weit verbreitet. Nach Aussehen und Geruch entspricht es zwar dem Original. Inhaltsstoffe sind jedoch nicht enthalten und das schließt die Verwendung von naturidenten Ölen in der Kosmetik und im medizinischen Bereich aus, da hierbei nicht nur der Duft, sondern die Inhaltsstoffe entscheiden.

Reines Rosenöl enthält mehr als 400 verschiedene chemische Inhaltsstoffe, die noch immer nicht einzeln bestimmt sind. Die Hauptkomponenten sind jedoch Citronellol, Nerol, Linalool, Phenylethylalkohol, Mythyleugenol, Farnesol, Rosenoxide (verantwortlich für den Duft) und Stearoptene. Diese Inhaltsstoffe sind bereits auf ihre medizinische Wirkung hin untersucht. Der therapeutische Einsatz von Rosenöl und Rosenwasser ist wissenschaftlich bewiesen.

Krankhafte Veränderungen der Haut müssen auf jeden Fall ärztlich abgeklärt werden, für die Pflege und Gesunderhaltung unserer Haut und gleichzeitig für die Unterstützung unserer Harmonie können wir aber auf das Geschenk der Natur, pflanzliche Öle, Kräuteressenzen und ätherische Öle, zurückgreifen. Die Königin der Blumen hat uns dafür ein wahrhaft königliches Geschenk gemacht: reines Rosenwasser und Rosenöl.

Rosenduft, der in diesen beiden Essenzen konserviert ist, bewirkt:

- Harmonisierung der Seelenzustände
- Milderung von Stimmungsschwankungen, negativen Gefühlen und verkrampften Anspannungen
- Milderung depressiver Zustände durch stimmungsaufhellende Wirkung
- Schlafförderung
- Kräftigung der Allgemeinkonstitution und appetitregulierender Einfluss
- Ein „Sich-Öffnen" für Gefühle und Aphrodisierung
- Unterstützung beim Annehmen-Können der eigenen Weiblichkeit und dadurch einen positiven Einfluss auf den Zyklus
- Milderung bei Kopfschmerzen sowie positiven Einfluss auf Verdauungstrakt, Leber und weibliche Organe

Um die positiven Eigenschaften des Rosenduftes mit all seinen Wirkungsweisen zu nutzen, bieten sich alle Formen der Aromatherapie an. Als einfachste Anwendungsmöglichkeit können wir die Duftlampe verwenden. Ebenfalls bieten sich Potpourris an. Bäder, Massagen und auch Körper- und Gesichtslotionen bringen unsere Sinne in direkten Kontakt mit Rosenduft.

Rosenöl ist eine Kostbarkeit.
(Foto: Botamochy/shutterstock.com)

Harmonisierung der Seele

Anwendung	Herstellung
In der Duftlampe	1–2 Tropfen Rosenöl in das Wasser der Duftlampe träufeln
Für Potpourris	2–3 Tropfen Rosenöl mit 10 ml Weingeist mischen und in einen Zerstäuber füllen; das Potpourri damit besprühen
Als Badezusatz	1–2 Tropfen Rosenöl mit 1 Esslöffel Schlagobers (Schlagsahne) mischen und in das warme Badewasser geben
Als Honigbad	3 Esslöffel Honig mit 3 Tropfen Rosenöl und 3 Tropfen Ylang-Ylang-Öl vermischen und dem Badewasser zugeben
Als Massageöl	50 ml Basisöl (z. B. Jojobaöl, Macadamianussöl oder Weizenkeimöl) mit 2 Tropfen Rosenöl, 2 Tropfen Neroliöl mischen; die Mischung ist auch hervorragend für Gesichtsmassagen geeignet
Als Liebesöl	50 ml Macadamianussöl, 5 Tropfen Sandelholzöl, 4 Tropfen Rosenöl, 1 Tropfen Ylang-Ylang-Öl mischen; die Partner massieren sich wechselseitig mit langen Streichbewegungen, damit das Aroma über Haut und Atemwege seine Wirkung entfalten kann

Roseninhaltsstoffe, die in Rosenöl konserviert sind, sind hilfreich zur:

· Behandlung bei Entzündungen
· Wundheilung
· Keimtötung
· Zellregenerierung
· Hautbildverbesserung
· Hautstraffung

Blütenpotpourris werden mit Rosenöl beträufelt und verströmen einige Tage ihren Duft.
(Foto: Valentina Razumova/shutterstock.com)

Trägermedien

Rosenöl ist eines der wenigen ätherischen Öle, die pur auf die Haut aufgetragen werden können. Gegen diese Anwendungsweise spricht jedoch leider der Preis. Wenn ein geeignetes Trägermedium verwendet wird, kann Rosenöl sehr wohl sparsam und doch wirkungsvoll verwendet werden.

Trägermedien können sein:
· Hochwertige Pflanzenöle, wie Jojobaöl oder Macadamianussöl
· Alkohol
· Joghurt oder Schlagobers (Sahne)

Zur Gesichtsbehandlung kann man Rosenöl auf verschiedene Weise anwenden. Da reines Rosenöl eine hautstraffende Wirkung besitzt, eignet es sich besonders zur Pflege von reifer, trockener Haut sowie von Mischhaut. Sie können das Rosenöl mit Honig und Schlagobers (Sahne) mischen und als Gesichtsmaske auftragen oder fünf Tropfen Rosenöl in 50 ml Jojobaöl verrühren und als Gesichtsöl verwenden.

Rosenwasser

Rosenwasser beinhaltet ebenfalls noch viele Inhaltsstoffe, sollte jedoch immer pur verwendet werden, da die Konzentration nicht mehr so hoch ist.

Die stark adstringierende Wirkung des Rosenwassers zeigt sich am deutlichsten bei der Verwendung als Gesichtswasser/Tonic. Bereits nach ein paar Tagen ist eine Besserung des Hautbildes bei großporiger Haut feststellbar.

Wird das Haar nach dem Waschen mit Rosenwasser ausgespült, vitalisiert es das Haar und die Kopfhaut. Als schöner Nebeneffekt liegt ein Hauch von Rosenduft im Haar.

Den zauberhaften Rosenduft kann man auch bei der Wäschepflege nutzen. Verwenden Sie doch Rosenwasser im Dampfbügeleisen. (Es kann mit destilliertem Wasser im Verhältnis 1 : 3 gestreckt werden.)

Auch in der Küche ist Rosenwasser einsetzbar. In der indischen, der persischen sowie in der türkischen Küche hat die Verwendung von Rosenwasser eine alte Tradition.

Natürliche
Rohstoffe

Was benötigt wird

Um Naturkosmetik selbst produzieren zu können, benötigt man verschiedene Pflanzenöle und andere natürliche Hilfsstoffe. Bei den Pflanzenölen sollte man unbedingt auf den eigenen Hauttyp achten, um optimale Erfolge zu haben.

Folgende Pflanzenöle sind zur Herstellung von Naturkosmetik als Basisöl bestens geeignet:

Avocadoöl

Dieses Öl aus der Frucht des Avocadobaums ist in seiner Beschaffenheit sehr stark unserem Hautfett ähnlich und wird daher sehr gut von der Haut aufgenommen, ohne einen hässlichen Fettfilm zu hinterlassen. Reich an Vitaminen wie A, B, D, E, H und K enthält es zusätzlich noch Chlorophyll, Histidin und Lecithin. Avocadoöl ist besonders mild und macht die Haut angenehm weich. Wegen seiner nährenden Wirkung empfiehlt es sich besonders für die trockene, spröde und reifere Haut.

Jojobaöl

Jojobaöl ist ein sehr wertvolles Pflege- und Massageöl, das durch die erste Kaltpressung der Früchte des Jojobastrauchs gewonnen wird. Chemisch gesehen handelt es sich um kein Öl, sondern um flüssiges Wachs, das bereits bei Temperaturen unter 10 °C fest wird.

Jojobaöl gehört zu den wertvollsten Pflanzenölen der Naturkosmetik. Es dringt sehr gut in die Haut ein, pflegt, schützt und reguliert den Feuchtigkeitshaushalt. Außerdem hat es einen natürlichen Lichtschutzfaktor 3. Da es nicht fettet, verwendet man es gern für Gesicht und Dekolleté.

Zum Fixieren von ätherischen Ölen ist Jojobaöl sehr gut geeignet. Zum Herstellen von natürlichen Parfüms wird das Öl deshalb gern verwendet.

Öl aus dem Jojobastrauch kann für jeden Hauttyp verwendet werden, speziell zur Pflege von trockener Haut, spröden Lippen, trockener Kopfhaut mit Schuppenbildung oder zur Pflege nach dem Sonnenbad, da es stark entzündungshemmend und feuchtigkeitsspendend ist. Einer der herausragenden Vorteile von Jojobaöl ist jedoch, dass es nicht ranzig werden kann und einen neutralen Eigengeruch hat.

Lange haltbar

Bei Ausgrabungen in ägyptischen Pyramiden wurde Jojobaöl als Grabbeigabe gefunden – es war in sehr gutem Zustand und nicht ranzig!

Maiskeimöl

Dieses Öl mit besonders hohem Nährwert eignet sich für die irritierte Haut. Durch den hohen Vitamin-A-Gehalt ist es für die Regeneration der Haut unerlässlich. Ein weiterer Vorteil liegt auch hier wieder in der langen Haltbarkeit.

Mandelöl

Mandelöl ist das klassische Basisöl für die Massage. Es ist ein feines, leichtes und mildes Öl, das die Haut sanft pflegt und für jeden Hauttyp geeignet ist. Mandelöl wirkt beruhigend, reizmildernd und glättend. Zur Kinder- und Babypflege wird Mandelöl empfohlen.

Da die Haltbarkeit jedoch nur 2–3 Monate beträgt, sollten Sie Mandelöl mit Jojobaöl mischen oder unter der Beigabe von 25 % Weizenkeimöl konservieren.

Olivenöl

Kalt gepresstes Olivenöl hat sehr gute Heileigenschaften und wird für die Herstellung von Sonnenöl verwendet. Der einzige Nachteil von Olivenöl ist der gewöhnungsbedürftige Eigengeruch. Ein wesentlicher Bestandteil des Olivenöls sind die essenziellen Fettsäuren, die zu 65–70 % enthalten sind. Fettsäuren braucht unsere Haut, um ihre Geschmeidigkeit zu erhalten und widerstandsfähig gegen Umwelteinflüsse zu sein.

Sesamöl

Das Öl wird wie die meisten anderen guten Öle durch Kaltpressung der Sesamsamen gewonnen und ist ein zentrales Heilmittel im Ayurveda, der Traditionellen Indischen Medizin. Es gilt als heilend, wärmend und entgiftend. Sesamöl enthält einen hohen Prozentsatz an essenziellen Fettsäuren (bis zu 48 % Linolsäure). Der Wirkstoff dieses Öls, das Se-

samol, verhindert Oxidationen und absorbiert UV-Strahlungen. Es ist daher ideal zur Herstellung von Sonnenöl geeignet. Es wird verwendet bei allen Hautproblemen, rheumatischen Beschwerden und Durchblutungsstörungen, ist allerdings nur beschränkt haltbar!

Sojaöl

Als eines der nährreichsten und fettesten Öle ist Sojaöl nur für die normale und trockene Haut geeignet.

Macadamianussöl

Macadamianussöl wird durch Kaltpressung der in Australien und Hawaii wachsenden Macadamianüsse gewonnen. Es hat einen angenehmen, leicht nussigen Eigengeruch und enthält reichlich Vitamine und Mineralien sowie einen sehr hohen Gehalt an Palmitoleinsäure (ein hauteigener Stoff). Es wird als Ersatz von Nerzöl verwendet. Dieses hochwertige Pflanzenöl zieht vollständig in die Haut ein und macht sie weich und geschmeidig, fettet nicht nach. Mit Macadamianussöl gepflegte Haut wird samtweich und geschmeidig.

Weizenkeimöl

Das dünnflüssige goldgelbe Öl wird durch schonende Pressung frischer Weizenkeimlinge gewonnen. Es hat einen etwas strengen Eigengeruch, weshalb man es nur zur Anreicherung und Konservierung anderer fetter Öle benutzt. Der große Pluspunkt des Weizenkeimöls ist sein hoher Gehalt an Lecithin, Provitamin A, Vitamin E und D.

Weizenkeimöl unterstützt die Muskel- und Drüsenfunktion, wirkt aufbauend und regenerierend auf die Haut, es findet daher in den letzten Jahren häufig Verwendung als Hautpflegemittel.

Durch den hohen Gehalt an Vitamin E wird es nicht schnell ranzig und dient daher als Konservierungsmittel von natürlichen Hautpflegeprodukten. Weizenkeimöl ist besonders geeignet für die trockene, reife Haut sowie bei Ekzemen und Psoriasis.

Öl aus den Kernen der Hagebutten ist reich an ungesättigten Fettsäuren. (Foto: Volker Rauch/shutterstock.com)

Hagebuttenkernöl (Wildrosenöl)

Die lateinische Bezeichnung der Stammpflanze ist *Rosa rubiginosa* oder *Rosa mosqueta*. Aus der lateinischen Bezeichnung entstehen oft Verwechslungen mit dem echten Rosenblütenöl, das aus *Rosa damascena* durch Wasserdampfdestillation der Rosenblüten gewonnen wird und wesentlich teurer ist.

Hagebuttenkernöl ist ein besonders wertvolles Basisöl mit einer auffallend hohen Konzentration an mehrfach ungesättigten Fettsäuren. So beträgt der Anteil an Linolsäure 40–50 % und an gamma-Linolensäure etwa 20 %. Hagebuttenkernöl wirkt nährend und glättend, es regt die Zellerneuerung an. Es ist daher speziell zur Pflege trockener, rissiger und reifer Haut geeignet. Man verwendet es auch zur Behandlung von Narben und Schwangerschaftsstreifen sowie zur Therapie bei Verbrennungen. Hagebuttenkernöl ist ein Radikalfänger und wirkt somit vorzeitiger Hautalterung entgegen.

Traubenkernöl

Traubenkernöl ist ein dünnflüssiges, leichtes Trägeröl, das schnell und tief in die Haut eindringt. Durch diese Eigenschaften ist es fähig, andere Wirkstoffe in tiefere Hautschichten einzuschleusen, um den Aufbau der Hautschichten qualitativ zu verbessern und zu stärken. Traubenkernöl zögert dadurch den sichtbaren Alterungsprozess der Haut deutlich hinaus. Es fettet nicht und hinterlässt auf der Haut einen seidigen Schimmer. Ideal geeignet für die Kombination mit Macadamianussöl.

Schwarzkümmelöl

Das aus Ägypten stammende Pflanzenöl wird durch Kaltpressung der Samen, die sich in mohnähnlichen Kapseln befinden, gewonnen. Es zeichnet sich durch den hohen Gehalt (bis zu 65 %) an mehrfach ungesättigten Fettsäuren aus.

Schwarzkümmelöl stabilisiert die Zellmembranen, wirkt entzündungshemmend, stimuliert das hauteigene Immunsystem und neutralisiert allergische Überreaktionen. Es wirkt antibakteriell und antimykotisch.

Man verwendet Schwarzkümmelöl als Therapeutikum bei Entzündungen, Hautausschlägen, Juckreiz, Neurodermitis, allergischen Ekzemen, Hautmykosen und gegen Pilzkrankheiten. Bei Pilzerkrankungen jeglicher Art ist die Kombination mit Teebaumöl zu empfehlen. Schwarzkümmelöl hat einen sehr starken, würzigen Eigengeruch.

Johanniskrautöl

Der ölige Auszug aus den Blättern des Johanniskrauts enthält Gerbstoffe und Hypericin. Johanniskrautöl findet vor allem bei empfindlicher Haut Verwendung, da es heilend wirkt und die Haut weich macht. Das Hypericin des Johanniskrauts wird in der Volksmedizin als Antidepressivum sehr geschätzt und ist bei Winterdepressionen als Trägeröl für Körperöle sehr beliebt. Auch Massagen mit Johanniskrautöl sibnd wirkungsvoll, zum Beispiel um rheumatischen Problemen entgegenzuwirken.

Hilfsstoffe für die Kosmetik

Um feste Cremes, Masken und Salben herzustellen, werden aber auch noch weitere Hilfsstoffe sowie manchmal auch Emulgatoren benötigt. Bei der Herstellung sollten Sie aber unbedingt auf Vaseline und Paraffin verzichten. Diese Stoffe werden aus Erdöl gewonnen und haben in hochwertigen Produkten nichts verloren. Es handelt sich nämlich um sogenannte Mineralöle und nicht um Fettsäuren. Sie enthalten keine Vitamine und keinen Sauerstoff, sondern sind reine Kohlenwasserstoffverbindungen. Sie dringen nachweislich nicht in tiefere Hautschichten ein, verschließen die Poren der Haut und beeinträchtigen ihre Ausscheidefunktion. Die Folgen sind zum Beispiel Rötungen, entzündete Talgdrüsen, Komedonenbildung, Stauungen, Hautgrieß.

Lanolin und Wollwachs

Aus der Wolle von Schafen wird das sogenannte Wollwachs gewonnen, das auch oft unter der lateinischen Bezeichnung Adeps lanae im Handel ist. Achten Sie beim Kauf darauf, dass das Lanolin pestizidfrei ist, denn oft wird die Wolle mit Pestiziden behandelt. Wollwachs wird zwar oft als Lanolin bezeichnet, im Unterschied dazu wurde Lanolin aber weiterveredelt. Wollwachs besteht aus 65 % Wollfett, 20 % Wasser und 15 % Pflanzenfett. Dieses Fett oder Wachs dient als Emulgator, hat aber auch pflegende Eigenschaften. Es macht die Haut weich und geschmeidig und hat Ähnlichkeit mit dem Cholesterin unserer Haut: Lanolin wirkt wasserabweisend und feuchtigkeitsbindend.

Bienenwachs

Aus den Waben der Bienenstöcke wird Bienenwachs gewonnen. Es wird geschmolzen, gereinigt und verpackt und dient dann als Emulgator in einer Creme, festigt die Konsistenz und pflegt gleichzeitig die Haut.

Lezithin

Sojabohnen oder auch Weizenkeime sind die Lieferanten von Lezithin, das als Emulgator dient und den Feuchtigkeitshaushalt der Hautzellen reguliert. Lezithin enthält das lebenswichtige Phaspatid und vermittelt zwischen den wässrigen Flüssigkeiten und dem Fett im Körper. Lezithin hat die Eigenschaften eines Emulgators: Es reguliert die Durchlässigkeit der Zellwände und spielt damit für die Osmose eine wichtige Rolle.

Lezithin ist außerdem ein natürlicher Bestandteil von einigen Pflanzenölen wie Sesamöl, Weizenkeimöl oder Avocadoöl und wirkt hier als natürlicher Feuchtigkeitsfaktor auf der Haut.

Wirkstoffe

Die Wirkstoffe in der Naturkosmetik können verschiedensten Ursprungs sein. Es können Pflanzenextrakte, ätherische Öle oder auch extrahierte Heilstoffe in Pflanzenöl sein. Pflanzenextrakte sind alkoholische (in 90 % Weingeist) oder wässrige Auszüge aus getrockneten oder frischen Pflanzenteilen. Ätherische Öle sind nicht nur Wirkstoffe, sondern auch Farbstoffe (Azulen im Kamillenöl) und Konservierungsstoffe.

Ein in unseren Breiten sehr beliebter Wirkstoff ist das Calendulin aus der Ringelblume. Es wird als Ringelblumenöl eingesetzt.

Ringelblumenöl

Sie können Ringelblumenöl selbst herstellen. Die Gewinnung ist einfach:

Getrocknete Ringelblumen werden in ein hohes Glas gegeben und im Verhältnis 1:1 mit Pflanzenöl übergossen. Am besten eignen sich Oliven- oder Sonnenblumenöl. Der Ansatz wird luftdicht mit einer Klarsichtfolie verschlossen und dann an einen sonnigen Platz gestellt. Wenn die Blüten den öllöslichen Wirkstoff Calendulin an das Öl abgegeben haben, sinken sie zu Boden und das Öl hat einen satten dunkelgelben Farbton angenommen. Das selbst hergestellte Ringelblumenöl ist fertig! Dieses Öl können Sie nun in verschiedensten Produkten einsetzen.

Die Ringelblume hat eine entzündungshemmende Wirkung, die bei Venenentzündungen, Hautreizungen und allen anderen Entzündungen am und im Körper seit Jahrhunderten sehr geschätzt wird.

45

Getrocknete Ringelblumen werden locker in ein Glas geschichtet.	Die gleiche Menge Öl wird mit einem Glas abgemessen.	Die Mischung wird abgedeckt und kommt an einen sonnigen Platz.	Die Blüten werden abgefiltert. Das fertige Öl kommt in ein dunkles Glas, wird verschlossen und an einem trockenen, nicht zu warmen Platz aufbewahrt. (alle vier Fotos: Wolfgang Stix)

Heilerde

Ein weiterer unverzichtbarer Wirkstoff in der Naturkosmetik und für Naturheilprodukte ist die Heilerde. Sie wird aus Löss gewonnen und ist als rotbraune, weiße oder grüne Heilerde erhältlich. Sie dient als idealer Trägerstoff für ätherische Öle.

Heilerde ist reich an Eisen, Silizium, Magnesium, Kalzium, Natrium, Kupfer und anderen Spurenelementen und Mineralien. Als Packung oder Maske auf die Haut aufgetragen, nimmt Heilerde Giftstoffe auf, die die Haut ausscheidet. Heilerde wirkt antibakteriell, desodorierend und austrocknend. Sie regt den Stoffwechsel an und übt einen Peelingeffekt aus. Bei Problemhaut kann es zunächst zu einer Verschlimmerung kommen, als Zeichen der Ausschwemmung von Giftstoffen. Heilerde kann in geringen Dosen auch in Pflegepräparate eingearbeitet werden.

Hamamelisextrakt

Hamamelis ist ein winterblühender Strauch, der auch unter dem Namen Zaubernuss bekannt ist. Seine Blüten erscheinen meist schon vor den Blättern, und bei sehr früh blühenden Sorten setzt die Zaubernuss im winterlichen Garten gelbe Lichtpunkte.

Neben ihrer Attraktivität werden die Inhaltsstoffe schon lange in der Kosmetik verwendet. In Apotheken sind Tinkturen oder Extrakte erhältlich. Durch den hohen Vitamin-P-Gehalt eignet sich Hamamelis ausgezeichnet zum Zusammenziehen von geplatzten Äderchen. Eine ausgleichende, heilende und regenerierende Wirkung auf die Haut ist nachgewiesen. In Kombination mit ätherischen Ölen verleiht Hamamelisextrakt frisches Aussehen.

Agar-Agar

Das Pulver mit dem etwas seltsamen Namen heißt auch Japanische Gelatine und wird aus Meeresalgen gewonnen. Die besonders straffende und porenzusammenziehende Wirkung ist speziell für die fettige Haut sehr gut geeignet.

Hausmittel als Wirkstoffe

Hausmittel	Einsatzgebiete
Eigelb	Ein „Muss" für die reife Haut, denn Eigelb kann die Haut verjüngen und Falten glätten.
Eiweiß	Eine Gesichtsmaske mit Eiweiß hat eine besonders starke porenzusammenziehende Wirkung, die müder Haut ein frisches Aussehen verleiht.
Haferflocken	Zu einer Maske verarbeitet, eignet sich dieses Getreide zur Reinigung fetter Haut. Kann auch als Peelingmaske eingesetzt werden. 3 Esslöffel Honig mit 3 Tropfen Rosenöl und 3 Tropfen Ylang-Ylang-Öl vermischen und dem Badewasser zugeben.
Honig	Reiner Bienenhonig ist das Schönheitsmittel schlechthin und eignet sich besonders zum Straffen und Festigen des Gewebes.
Milch	Die zahlreichen Vitamine der Milch wirken anregend auf die Zellneubildung, regulieren den Feuchtigkeitsgehalt der Haut und bauen den Säureschutzmantel wieder auf.
Weizenkleie	Weizenkleie ist reich an Vitaminen und hilft bei trockener, unreiner und rauer Haut. Die Kleie wirkt klärend und heilend und wird von der Haut besonders gut vertragen.

Emulgator:
Tegomuls

Tegomuls ist ein Emulgator, der in der Naturkosmetik sehr gute Dienste leistet. Erstmals verwendet und der breiten Öffentlichkeit vorgestellt wurde der Emulgator von Jean Pütz, der durch seine Sendung „Hobbythek" Naturkosmetik und natürliche Wäschepflege zum Selbstmachen populär machte. Tegomuls ist ein Pulver und bezüglich der Konsistenz und Farbe mit Mehl Typ 550 vergleichbar. Der Handelsname ist Tegomuls 90S.

Der Emulgator verbindet Fett und Wasser perfekt. Körpermilch, Cremes und andere kosmetische Produkte können mithilfe von Tegomuls einfach hergestellt werden.

Grundlage des Emulgators ist Stearinsäure, eine gesättigte langkettige Fettsäure (C18, Octadecansäure). Tegomuls stellt chemisch gesehen hauptsächlich das Monoglycerid der Stearinsäure dar und enthält zusätzlich Alkalistearat zur Verbesserung der Emulgatorwirkung. Mit Tegomuls erhält man Öl-in-Wasser-Emulsionen.

So wird mithilfe von Tegomuls eine Wasserpaste hergestellt:

Man nimmt zehn Teile Wasser und ein Teil Tegomuls (also zum Beispiel 10 g Wasser und 1 g Tegomuls). Je nachdem, wie viel Wasserpaste benötigt wird, kann das Verhältnis beliebig erhöht werden, zum Beispiel auf 40 : 4 oder 60 : 6.

Die Masse wird verrührt und auf dem Herd bei kleinster Stufe im Becherglas oder im Wasserbad so lange unter Rühren erhitzt, bis sie klar und dicklich wird. Die Temperatur darf bei der Zubereitung 70 °C nicht überschreiten.

Bereiten Sie die Wasserpaste unbedingt sorgfältig zu, denn für ein positives Ergebnis muss am Ende des Herstellungsprozesses die klare dickliche Masse entstehen.

Die Paste ist Ausgangssubstanz vieler anderer Produkte, zum Beispiel Badezusätze, die zusammen mit Heilpflanzen individuell zusammengerührt werden können.

Für eine cremige Substanz wird manchmal ein Emulgator benötigt.
(Foto: AfrikaStudio/fotolia.com)

Selbst gemacht

Die Unterschiede

Cremes, Salben, Tinkturen, Öle – worin besteht der Unterschied? Bei Cremes, Salben und Pasten liegt er in der Konsistenz und Streichfähigkeit der Produkte, obwohl fast immer der Begriff Salbe als Oberbegriff verwendet wird. Tinkturen sind dagegen alkoholische Auszüge.

· Salben sind Wasser-in-Öl-Emulsionen. Sie haben eine fettige Grundlage, die bei der Naturkosmetik mit natürlich hergestellten Stoffen angereichert sind. Die bereits erwähnten Wirkstoffe können ebenfalls Bestandteil von Salben sein.
· Cremes sind ebenfalls Emulsionen, die aber weniger Fett enthalten.

Kräuter-Ölauszüge

Öle werden aus Samen, Blüten oder Früchten verschiedener Pflanzen gewonnen (siehe Seite 10). Sie haben auch ohne weitere Wirkstoffe schon heilenden und pflegenden Charakter, können aber ganz individuell, auf die bestimmten Bedürfnisse hin ausgerichtet, in der Naturkosmetik noch mit Inhaltsstoffen angereichert werden. Blüten und Blätter der verschiedenen Heilpflanzen eignen sich gut für Ölauszüge. Dabei werden die Inhaltsstoffe der Pflanzen durch das Öl gelöst und von ihm aufgenommen. Die Herstellung eines Ölauszugs aus Kräutern entspricht der Zubereitung des Ringelblumenöls auf Seite 45. Die so erzeugten Öle können als Aromatherapie-Öle für die Massage verwendet werden oder auch für andere kosmetische Produkte zum Einsatz kommen.

Kräuterauszüge

Für einen Kräuterauszug, der zur Herstellung von Cremes und Salben benötigt wird, nehmen Sie zwei Handvoll Kräuter Ihrer Wahl und übergießen diese mit siedend heißem Wasser, bis die Kräuter davon bedeckt sind. Das Ganze bleibt 20 Minuten stehen, dann werden die Kräuter durch einen Filter abgeseiht.

Oberstes Gebot: Hygiene

Bei der Herstellung kosmetischer Produkte ist Sauberkeit ganz wichtig. Machen Sie die Gefäße, mit denen Sie arbeiten, zunächst keimfrei. Dazu werden diese zweimal ausgekocht und anschließend mit reinem Weingeist (96 %) ausgeschwenkt. Die Gefäße, mit denen gearbeitet wird, sollten immer trocken und staubfrei sein.

Vergessen Sie nicht, dass Produkte ohne chemische Konservierung kühl gelagert werden müssen, damit sie nicht verderben.

Neutrale Basisprodukte können bei verschiedenen Naturkosmetikherstellern gekauft werden. Die Produkte sind unter sterilen Bedingungen produziert worden und sind ideale Ausgangsstoffe für die Weiterverarbeitung. (Adressen finden Sie im Anhang Seite 92)

Sie benötigen ein größeres Gefäß für das Wasserbad, ein Gefäß mit Stiel für die Fettphase und ein Gefäß für die Wasserphase.

Die Fettphase besteht aus einem Pflanzenöl, Bienenwachs und eventuell einem Emulgator.

Zunächst wird die Fettphase, also das Bienenwachs, im Wasserbad geschmolzen.

Parallel dazu wird die Wasserphase, bestehend aus Wasser und Kräuterauszügen, erhitzt. Das Mischungsverhältnis bestimmen Sie selbst und können so die Konsistenz und Streichfähigkeit der Creme oder Salbe beeinflussen.

Im nächsten Schritt wird die Wasserphase in die Ölphase eingerührt …

… und in Achterschleifen kalt gerührt, bis die Mischung eine Temperatur von 35 °C erreicht hat. Bei dieser Temperatur können einige Tropfen Aromaöl eingeträufelt werden. Die Wahl des Aromaöls ist abhängig von der späteren Verwendung der Creme und vom Hauttyp.

Gießen Sie die fertige Substanz in dunkle Tiegel ab, die im Kühlschrank bis zur Weiterverarbeitung aufbewahrt werden müssen. (alle Fotos: Wolfgang Stix)

Zum **Verwöhnen** und **Wohlfühlen**

Auf die Mischung kommt es an

Eine Massage ist Entspannung pur. Sie kann nach einem anstrengenden Tag für Erholung sorgen, bei Verspannungen stimmungsaufhellend wirken und auch bei Muskelverspannungen nach dem Sport Schmerzen entgegenwirken.

Selbst hergestellte Basisöle verbunden mit bestimmten Massagetechniken, sind sehr wirkungsvoll. Bei der Aromatherapiemassage ist zusätzlich das Augenmerk auf die Wirkung der verwendeten Heilkräuter gerichtet.

Sie können Massageöle mischen, die zum Beispiel die Nerven beruhigen, den Geist entspannen, die Muskeln tonisieren, rheumatische Schmerzen oder Muskelkater lindern, wirksam gegen Cellulite sind, die Durchblutung steigern, sowie viele Mischungen, die einfach sehr positiv auf das Gemüt und die Gefühlswelt wirken. Die Beschreibung der Heilpflanzen im Kapitel „Natur pur – Pflanzen für Schönheit und Wohlbefinden" hilft Ihnen bei der Auswahl.

Kopf, Herz und Basis

In der Auswahl jener Öle, die sich gegenseitig abrunden und vervollkommnen, liegt die Kunst des Mischens. Eine harmonische Mischung hat stets eine Kopf-, eine Herz- und eine Basisnote. Das ist auch bei Parfüms wichtig.

Die Kopfnote ist der Duft, den man beim ersten Schnuppern wahrnimmt und der den ersten Eindruck bestimmt. Den eigentlichen Charakter der Duftmischung macht die Herznote aus, denn sie vereint Kopf- und Basisnote und rundet den Duft ab.

Die Basisnote wird auch als Fixativ bezeichnet, da sie dem Duft Beständigkeit und Tiefe verleiht. An einem Parfüm ohne Basisnote hätten Sie beispielsweise wenig Freude, denn es würde sich im Nu verflüchtigen.

Ölmischungen

Im Grunde können Sie alle Öle miteinander mischen, der Fantasie sind hier keine Grenzen gesetzt. Olivenöl, Macadamianussöl, Mandelöl – alle Basisöle, die auf Seite 41 beschrieben sind, können allein oder als Mischung mit anderen Ölen verwendet werden. Je nach Hauttyp, Verwendungszweck und Vorliebe wird das oder die Öle ausgesucht. Damit wird dann wiederum ein Kräuter-Ölauszug hergestellt, der zum Schluss noch mit einigen Tropfen Aromaöl gemischt wird, sodass Kopf, Herz und Basis in Einklang miteinander sind.

Um die ätherischen Öle aufzulösen beziehungsweise zu verdünnen, sollten nur kalt gepresste Pflanzenöle verwendet werden. Mandelöl beispielsweise lässt die ätherischen Öle schneller in die Haut eindringen. Die Zugabe von Weizenkeimöl zu jeder Mischung verhindert die Oxydation der Mischung und führt der Haut Vitamin E zu.

Ein Ringelblumenauszug verwöhnt die Haut, ein Johanniskrautauszug beruhigt und entspannt und ein Arnikaauszug ist gut bei Sportverletzungen.

Bei der Mazeration färbt das enthaltene Hypericin im Johanniskraut das Öl rot.
(vesna cvorovic/shutterstock.com)

Kräuterauszugsöle

Wie Ringelblumenöl hergestellt wird, wurde bereits auf Seite 45 erklärt. Aus den getrockneten Blüten und Blättern vieler anderer Heilpflanzen, wie Melisse, Rosmarin, Salbei, lassen sich ebenfalls Auszugsöle herstellen.

Besonders bewährt hat sich in der Massage vor allem auch das Johanniskrautöl. Johanniskrauttee kann innerlich bei trüben Gedanken und leicht depressiven Stimmungsschwankungen getrunken werden. In der Phytomedizin wird das Kraut schon lange eingesetzt. Johanniskraut kann aber auch ganz ähnlich als Auszugsöl bei einer Massage wirken.

Johanniskrautöl

Für das Öl werden frische Blüten und Blätter des Johanniskrauts verwendet. Als Basisöl eignet sich sehr gut Olivenöl.

Das gelb blühende Kraut kann mit folgender Probe auf seine Echtheit überprüft werden: Man nehme eine Blüte zwischen die Finger und zerreibe sie. Wenn der austretende blaurote Saft die Finger blauviolett färbt, dann hat man das Echte Johanniskraut gefunden. Wenn das Kraut in der Natur gesammelt werden soll, müssen Sie sich vorher erkundigen, wo und ob dies überhaupt möglich ist. Besser ist es deshalb, Johanniskraut im Garten zu kultivieren.

Das blühende Kraut wird zur Ernte mitsamt dem Stil abgeschnitten. Anschließend zupft man die frischen Blüten und Blätter ab und gibt sie in eine weithalsige Flasche. Die Blüten und Blätter werden mit der dreifachen Menge Olivenöl übergossen. Verschließen Sie nun die

(Foto: Floydine/fotolia.com)

Flasche gut. Sie muss fünf bis sieben Wochen an einen sonnigen, warmen Platz im Haus gestellt werden. Alle zwei bis drei Tage wird die Flasche leicht durchgeschüttelt. Schon nach kurzer Zeit wird sich das Öl dunkelrot färben. Dieser Vorgang wird Mazeration genannt. Sobald die Mazeration vorüber ist, lässt man den Inhalt durch ein dünnes Leinentuch laufen und presst dabei die Pflanzen gut aus. Nun wird das Johanniskrautöl in dunkle Glasfläschchen gefüllt, die man an einem dunklen Platz aufbewahrt. Seine Heilkraft hält bis zu zwei Jahre an.

Zum **Verwöhnen** und **Wohlfühlen**

Richtig massieren

Grundsätzlich wird bei der Massage zwischen der Ganzkörpermassage und der speziellen Massage von Körperregionen und der darunterliegenden Organe unterschieden.

Auch für Ungeübte ist das Massieren und Massiertwerden eine schöne Erfahrung gemeinsam mit einem Partner. Das „Verwöhnprogramm" geht über die eigentliche Massage weit hinaus, denn wir nehmen uns Zeit für unseren Partner. Der Fantasie sind dabei keine Grenzen gesetzt. Tauchen Sie in ein wohliges Gefühl ein!

Massage verboten

Einige Grundregeln sollten aber beachtet werden, damit die Massage effektiv und angenehm ist.

Es darf nicht massiert werden, bei
· frischen Verletzungen, z. B. Muskelzerrungen, Blutergüssen, Bandverletzungen, Prellungen und Knochenverletzungen
· Venenentzündungen und Krampfadern
· fieberhaften Erkrankungen wie Lungenentzündung, Grippe, Nierenbeckenentzündungen
· umschriebenen Entzündungen wie Furunkel, Phlegmone, Schleimbeutel- und Sehnenscheidenentzündungen

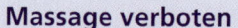

Massage verboten

Bei Schmerzen, Rötungen, Hitze und Schwellungen der Haut ist eine Massage absolut verboten.

Das müssen Sie beim Massieren beachten:

· Die Hände des Massierenden sollen immer sauber, weich und warm sein, damit der Massierte sich wohlfühlen und entspannen kann.
· Die Massagegriffe sollen immer herzwärts gehen, damit der Abtransport von venösem Blut und Schlackstoffen positiv beeinflusst wird.
· Die Hände passen sich Muskulatur und Muskelformen schön an, um ein gleichmäßiges Gleiten zu gewährleisten.
· Ein schönes Gefühl ergibt sich durch ein ununterbrochenes Streichen und Gleiten auf der Muskulatur. Knochen können ausgelassen werden, denn hier kann nichts bewegt werden.
· Es soll ein fließendes Ineinanderübergehen der Handbewegungen sein, das fast ein musikalischer Takt ist. Das Tempo wird je nach Wirkung – ob anregend oder beruhigend – angepasst.
· Keine Massage darf Schmerzen bereiten.
· Innere und äußere Entspannung ist das Ziel jeder Massage.

Nach einer Massage, wenn eine wohlige Entspannung und Müdigkeit eingetreten ist, sollte sich der Massierte noch etwas Ruhe gönnen und liegen bleiben. So können die Öle und ihre Inhaltsstoffe noch weiter wirken.

Bei einer Gesichtsmassage bleibt das Öl noch etwa 15 Minuten auf der Haut, um einwirken zu können. Dann tupft man das Restöl mit einem Wattebausch ab.

Auch der Duft von Lavendel entspannt und beruhigt. (Foto: m.schuckart/fotolia.com)

Der Haut zuliebe

Lavendellotion

Die Lavendellotion eignet sich für den ganzen Körper, speziell bei trockener und gereizter Haut. Die darin enthaltenen Wirkstoffe fördern die Feuchtigkeit in der oberen Hautschicht.

Lavendel beruhigt die Haut und die Nerven.
(Foto: Photo SGH/shutterstock.com)

Benötigtes Werkzeug:
· 2 Bechergläser à 100 ml
· Etikett
· Glasstab
· Holzspatel
· Messzylinder
· Thermometer
· Waage

Zutaten:
· 10 g Tegomuls
· Bienenwachs
· 180 ml Lavendelwasser
· 50 Tropfen ätherisches Lavendelöl

Zubereitung:
Der Emulgator und das Bienenwachs werden als Fettphase in einem Glas oder einem Topf gemischt und in einem Wasserbad erhitzt (siehe Anleitung Seite 51). Das Lavendelwasser wird in einem separaten Behälter im Wasserbad ebenfalls erhitzt. Ist die Fettphase geschmolzen und die Wasserphase, also das Lavendelwasser, auf 70 °C erwärmt, wird die Wasserphase langsam unter ständigem Rühren in die Fettphase gegossen. Rühren Sie die Mischung in Achterschleifen, bis sich die Konsistenz der Lotion langsam verändert. Auch wenn eine puddingartige Masse entsteht, wird weitergerührt. Nach dieser etwas festeren Zwischenphase wird die Konsistenz wieder weicher und eine schöne Emulsion ent-

steht. Es muss so lange weitergerührt werden, bis die Lotion Handwärme erreicht hat. Anschließend wird das ätherische Öl tröpfchenweise in die Lotion gegeben und eingerührt. Füllen Sie nun das fertige Produkt in Tiegel oder Braunglasflaschen, verschließen Sie die Flaschen und vergessen Sie die Beschriftung nicht. Damit sich die Lotion einige Wochen hält, stellt man sie in den Kühlschrank.

Lavendelwasser herstellen

Zunächst muss die Ausgangssubstanz, das Lavendelwasser oder der wässrige Lavendelauszug, hergestellt werden.

Dazu bringt man 200 ml Wasser zum Kochen und gießt es dann über eine Handvoll getrocknete Lavendelblüten. Diese Mischung bleibt stehen, bis sie komplett abgekühlt ist; meist dauert das zwei Stunden. Dann wird der Ansatz über einen Kaffeefilter abgeseiht. Mit diesem frisch angefertigten Lavendelwasser wird nun weitergearbeitet.

Alle anderen Kräuter können auf dieselbe Weise zu wässrigen Auszügen verarbeitet werden.

Der Haut zuliebe

Salbei-Jojoba-Körpermilch

Benötigtes Werkzeug:

· 2 Bechergläser à 100 ml
· 1 Becherglas à 400 ml für das Wasserbad
· Etikett
· Glasstab
· Holzspatel
· Glasflasche
· Messzylinder à 25 ml
· Thermometer
· Waage

Milch, Cremes und Lotionen für die Haut sollen gut streichfähig sein.
(Foto: Jeanette Dietl/fotolia.com.com)

Zutaten:

· 70 g wässriger Salbeiauszug
· 3 g Tegomuls
· 7,5 g Jojobaöl
· 10 Tropfen Heliozimt
· 20 Tropfen Bisabolol (0,6 g)
· 24 Tropfen Aloe vera 10-fach (0,8 g)
· 80 Tropfen D-Panthenol
· einige Tropfen ätherisches Orangenöl

Zubereitung:

Aus zwei Handvoll getrocknetem und zerkleinertem Salbei wird ein wässriger Auszug (Salbeiwasser) hergestellt, wie das beim Lavendelwasser beschrieben wird (siehe Seite 59). 70 g des Salbeiwassers wird nun auf höchstens 70 °C erhitzt. Bei der Herstellung des Salbeiauszugs kann siedendes Wasser verwendet werden, damit alle Keime abgetötet werden. Wird der Salbeiauszug anschließend in die Fettphase gerührt, darf die Flüssigkeit nicht heißer als 70 °C sein.

Für die Fettphase werden Tegomuls und Jojobaöl im Wasserbad geschmolzen. Die Fettphase darf ebenfalls nicht heißer werden als 70 °C, sonst leidet das Öl.

Wenn Fettphase und Salbeiauszug die richtige Temperatur (70 °C) haben, werden die Gefäße von der Heizquelle genommen. Dann gießt man den Salbeiauszug in die Fettphase. Nun wird kräftig mit dem Löffel oder Glasstab gerührt, bis die Körpermilch abkühlt. Das Abkühlen kann in einem kalten Wasserbad beschleunigt werden. Zum Rühren kann auch ein Mixer verwendet werden, der die Phasen kräftig vermischt. Nach zwei Minuten ist die Masse gut gemischt, und es muss während des weiteren Abkühlens nur noch ab und zu mit dem Glasstab gerührt werden.

Ist die Creme handwarm (also ca. 30 °C), werden ca. 10 Tropfen Heliozimt, 20 Tropfen Bisabolol (0,6 g), 24 Tropfen Aloe vera 10-fach (0,8 g) und 80 Tropfen D-Panthenol zugegeben. Ist die Körpermilch handwarm, einige Tropfen Orangenöl nach Belieben zugeben.

Abschließend wird die Körpermilch in eine sehr sauber ausgespülte Glas- oder Plastikflasche abgefüllt.

Kamille ist für ihre adstringierende und heilende Wirkung bekannt. (Foto: Olaf Speier/shutterstock.com)

Kamille-Ölauszug gegen rissige Hände

Bei rissigen Händen helfen Kräuteröle sehr gut, um wieder Feuchtigkeit in die Haut zu bringen und sie geschmeidig und zart zu machen. Bestens geeignet ist dafür ein Kamillen-Ölauszug. Die Kamille hat beruhigende und heilende Wirkstoffe und unterstützt so die pflegende Wirkung des Öls.

Zubereitung:

Zwei Handvoll getrocknete Kamilleblüten werden in ein hohes Glas gegeben und im Verhältnis 1:1 mit Pflanzenöl übergossen. Hagebuttenkernöl ist besonders gut für die Pflege rissiger Haut zu verwenden, denn es enthält u. a. fetthaltige Linolsäure und Linolensäure. Der Ansatz wird luftdicht mit einer Klarsichtfolie verschlossen und dann an einen sonnigen Platz gestellt. Wenn die Blüten die öllöslichen Wirkstoffe an das Öl abgegeben haben, sinken sie zu Boden. Das selbst hergestellte Kamillenblütenöl ist fertig!

Salbei-Deospray

Bei Schweißbildung wird häufig ein ganz besonders starkes Deo verwendet, das nicht immer der Haut guttut. Selbst hergestelltes Deodorant aus Salbei schafft Abhilfe auf natürliche und hautschonende Art.

Benötigtes Werkzeug:
· 1 Becherglas à 100 ml
· Etikett
· Glasstab
· Glas- oder Plastikflasche mit Zerstäuber
· Messzylinder à 25 ml
· Waage

Zutaten:
· 32,5 ml wässriger Salbeiauszug
· 16,5 ml 70%iger Alkohol
· 1 ml Glycerin
· 15 Tropfen ätherisches Salbeiöl

Zubereitung:
Der wässrige Salbeiauszug (Herstellung siehe Lavendelwasser Seite 59), der Alkohol, Glycerin und Salbeiöl werden in einem Becherglas mit dem Glasstab verrührt. Die Mischung wird in eine Flasche mit Zerstäuber gefüllt und hält einige Wochen.

Der Haut zuliebe

Schönheitsbad

In früheren Zeiten diente das samstägliche Bad nur einem Zweck: der gründlichen Reinigung des Körpers. Heute ist die Reinigung beim Baden oft Nebensache. Es geht vor allem um die Entspannung und Pflege. Die Zahl an Badezusätzen ist unüberschaubar groß und alle versprechen ein einmaliges Badeerlebnis.

So wie viele andere kosmetische Pflegeprodukte sind auch Badezusätze mit den verschiedensten synthetischen Zusätzen angereichert. Dabei ist es wirklich einfach, sich selbst einen Badezusatz individuell zuzubereiten; ganz ohne synthetische Zusätze!

In Milch und Honig baden

Als alte Hausmittel sind Milch und Honig bei Erkältungskrankheiten noch heute beliebt. Milch und Honig sind darüber hinaus aber auch gute Badezusätze, die die Haut zart und geschmeidig machen. Schon die ägyptische Kaiserin Kleopatra soll in Milch und Honig gebadet haben.

Für das Bad werden etwa 1 l Milch und ein Esslöffel Honig erwärmt, bis sich der Honig aufgelöst hat. Die warme Honigmilch wird nach Fertigstellung ins Badewasser gegossen.

Kräuterbad

Mit einem Honigmilch-Badezusatz wird die Haut mit Feuchtigkeit und Nährstoffen versorgt. Zusätzlich können nun noch Kräuter dem Badewasser zugefügt werden. Dabei können Sie ganz individuell auf Ihre Wünsche und Vorlieben eingehen, denn neben der pflegenden und heilenden Wirkung der Kräuter kommt beim Bad auch der Duft ins Spiel, der ebenfalls eine entspannende oder auch anregende Wirkung haben kann. Denken Sie nur an Lavendel, Rose und Rosmarin – ganz verschiedene Düfte, die je nach Lust und Laune für Wohlbefinden in der Badewanne sorgen.

Auch Kräuter-Ölauszüge sind gute Badezusätze. Sie liefern den Kräuterduft und die pflegenden Substanzen des Öls. Zusätzlich kann man noch einige Tropfen ätherisches Öl zufügen.

So wird's gemacht

Es gibt zwei Möglichkeiten, die Kräuter dem Badewasser zuzugeben: Man kann aus den getrockneten Blüten und Blättern einen Tee kochen und diesen ins Wasser gießen. Eine andere Möglichkeit besteht darin, die getrockneten Pflanzenteile in ein Baumwoll- oder Leinensäckchen oder -tuch zu geben. Gut verschnürt hängt man das Säckchen dann unter den Wasserausfluss. Das warme Wasser läuft über die Kräuter und löst die Inhaltsstoffe. Außerdem verstopft nicht der Abfluss mit Kräutern.

Gesichtspflege
mit Kräutern

Reinigung und Pflege

Dem Gesicht wird ganz besonders viel Aufmerksamkeit geschenkt. Wir möchten strahlend aussehen, die Augen sollen leuchten, das Make-up soll Unreinheiten verdecken.

Am Anfang einer guten Gesichtspflege steht aber zuerst die gründliche Reinigung.

Die Zahl an Präparaten zur Reinigung der Haut, die es im Handel zu kaufen gibt, ist unüberschaubar. Nicht selten sind dabei auch sehr „scharfe" Reinigungsprodukte, die die Haut angreifen und sie für Hautschädigungen noch empfänglicher machen.

Zur gründlichen, aber dennoch sanften Reinigung sei Ihnen deshalb die milde Ringelblumen-Reinigungscreme ans Herz gelegt.

Wasser und natürliche Reinigungssubstanzen sind gut für die Haut.
(Foto: deteilblick/fotolia.com)

Gesichtsdampfbäder

Auch wenn wir die Gesichtshaut täglich waschen, ist ab und zu eine besondere Reinigung nötig, vor allem dann, wenn die Haut Staub und Abgasen ausgesetzt ist. Hier wirkt ein Gesichtsdampfbad mitunter regelrecht Wunder. Darüber hinaus regen Dampfbäder die Durchblutung der Haut an. Unter Mithilfe von bestimmten Kräutern können mit ihnen auch hautmedizinische Wirkungen erreicht werden.

Glatte Haut

Nach dem Waschen sind Gesichtswässer besonders angenehm, vor allem die gut duftenden aus Rosenwasser. Sie regen die Durchblutung an und verleihen einen frischen Teint.

Bei der Tagescreme muss ganz genau auf den eigenen Hauttyp geachtet werden. Fettige Haut muss nicht noch mehr Fett bekommen, trockene Haut dagegen schon. Allerdings muss man auch zwischen den Jahreszeiten unterscheiden. Im Winter ist die Haut extremen Bedingungen ausgesetzt. Trockene Innenräume, kalte Luft draußen, da kann eine fettere Tagespflege sinnvoll sein.

Masken zum Beleben und Entspannen

Gesichtsmasken sind eine besonders schöne Möglichkeit, der Gesichtshaut etwas Gutes zu tun und sich selbst gleichzeitig dabei zu entspannen. Außerdem sind Masken schnell zubereitet. Wenn Sie Basisöle und Kräuterauszugsöle schon hergestellt haben, können ganz verschiedene Masken damit zubereitet werden. Oft kann auch Gemüse aus dem Garten, zum Beispiel Gurken, gleich mitverwendet werden.

Ringelblumen-Reinigungscreme

Gesichtspflege

Benötigtes Werkzeug:
· 1 Becherglas à 100 ml
· Waage
· Glasstab
· Spatel
· Etikett
· Thermometer

Zutaten:
· 5 g Bienenwachs
· 30 ml Olivenöl
· 30 ml Ringelblumenöl

Zubereitung:
Bienenwachs und die übrigen Bestandteile über dem Wasserbad schmelzen und auf 60 °C erhitzen. Überprüfen Sie die Temperatur mit einem Thermometer. Danach geduldig weiterrühren, bis die Creme abgekühlt ist und fest wird. Mit einem Spatel in Tiegel streichen.

Anwendung:
Die Reinigungscreme wird mit den Fingerspitzen auf dem feuchten Gesicht verteilt und sanft einmassiert. Nach der Anwendung mit reichlich lauwarmem Wasser abwaschen.

Kamillen-Reinigungscreme

Benötigtes Werkzeug:
· 1 Becherglas à 100 ml
· Waage
· Glasstab
· Spatel
· Etikett
· Thermometer

Zutaten:
· 3 g Bienenwachs
· 3 g Lanolin
· 50 ml Weizenkeimöl
· 100 ml wässriger Kamillenauszug

Zubereitung:
Zuerst den Kamillenauszug herstellen (siehe Seite 59; Lavendelwasser). Nun Bienenwachs und Lanolin im Wasserbad schmelzen. Das Weizenkeimöl eingießen und die Flüssigkeit auf 60 °C erwärmen. Den Kamillenauszug auf 60 °C abkühlen lassen und in die Fettphase gießen. Es muss so lange gerührt werden, bis die Masse abgekühlt ist. Füllen Sie die Creme in kleine Tiegel.

Die Reinigungscreme eignet sich für normale Haut und ist gut bei gereizter Haut.

Salbei-Reinigungsmilch für fette, unreine Haut

Salbeiöl ist für fettige Haut gut geeignet.
(Foto: CGissemann/shutterstock)

Benötigtes Werkzeug:
- 2 Bechergläser à 100 ml
- 1 Becherglas à 400 ml für Wasserbad
- Etikett
- Glasstab
- Holzspatel
- Glas- oder Plastikflasche
- Messzylinder à 25 ml
- Mixer
- Thermometer
- Waage

Zutaten:
- 70 g wässriger Salbeiauszug
- 2,5 g Tegomuls
- 6,5 g Olivenöl
- 1 g Cetylalkohol
- 4–6 Tropfen ätherisches Salbeiöl

Zubereitung:
Zunächst wird der Salbeiauszug hergestellt. Der Kräuterauszug kann dabei ruhig kurz zum Sieden gebracht werden, um alle Keime abzutöten. Wenn er später in die Fettphase gerührt wird, darf er allerdings nicht heißer als 70 °C sein.

Dann werden Tegomuls, Olivenöl und Cetylalkohol gemeinsam aufgeschmolzen. Die Fettphase darf nicht heißer werden als 70 °C, sonst leidet das Öl.

Wenn Fett und Kräuterauszug etwa 65–70 °C haben, nimmt man die Gefäße von der Heizquelle und gießt den Kräuterauszug in die Fettphase.

Anschließend wird kräftig mit einem Löffel oder Glasstab oder mit einem Mixer gerührt, bis die Creme abkühlt. Das Abkühlen kann in einem kalten Wasserbad beschleunigt werden. Ist die Reinigungsmilch handwarm (ca. 30 °C), werden 4–6 Tropfen ätherisches Salbeiöl zugegeben. Zum Schluss wird die Milch in eine sehr sauber ausgespülte Glas- oder Plastikflasche abgefüllt.

Selbst gemachte Kräuterkosmetik ist ein schönes Geschenk.
(Foto: PhotoSG/fotolia.com)

Gesichtsdampfbäder sind reinigend für die Haut.
(Foto: Gina Sanders/fotolia.com)

Gesichtsdampfbäder mit Arnika und Ringelblume

Ein Gesichtsdampfbad ist einfach zubereitet. Eine Handvoll Arnikablüten – es können nach Belieben aber zum Beispiel auch Alant- oder Kamillenblüten sein – werden in eine größere Schüssel gegeben und mit heißem Wasser übergossen. Setzen Sie sich nun bequem an einen Tisch, beugen Sie den Kopf über das Wasser und legen Sie ein Handtuch über den Kopf. Das ist gut bei unreiner Haut; es macht sie zart und gibt ihr eine gesunde Farbe.

Dampfbad für die Gesundheit

Gesichtsdampfbäder sind nicht nur für die Haut gut, auch bei Erkältungen können sie gute Dienste leisten. Das ist ein altes Hausmittel, das früher bei festsitzendem Husten und Schnupfen angewendet wurde und heute nichts von seiner Effektivität verloren hat. Durch das Inhalieren des heißen Dampfes wird Husten gelindert und die trockenen, gereizten Nasenschleimhäute befeuchtet. Vor allem ein Kamillendampfbad ist sehr effektiv. Die Wirkstoffe bekämpfen Bakterien und lindern Schnupfensymptome.

→

Bei leicht entzündlicher Haut

Ein Ringelblumen-Dampfbad hilft bei entzündlicher Haut. Wie beim Arnikadampfbad wird eine Handvoll getrockneter Ringelblumenblüten in einer Schüssel mit heißem Wasser übergossen. Zehn Minuten müssen Sie Ihren Kopf nun über den heißen Ringelblumendampf beugen, damit die Wirkstoffe in die Haut eindringen können. Um das Hautbild zu verbessern, wird das Dampfbad zwei- bis dreimal wöchentlich durchgeführt.

Gesichtswasser zur Beruhigung und für einen schönen Teint

Benötigtes Werkzeug:
· 1 Becherglas à 100 ml
· Etikett
· Glasstab
· dunkel Glasflasche
· Messzylinder à 25 ml

Zutaten:
· 50 ml Rosenwasser
· 100 ml Ringelblumenwasser
· 10 ml Weingeist

Zubereitung:
Rosenwasser und Ringelblumenwasser werden wie Lavendelwasser (siehe Seite 59) hergestellt. Alle Zutaten werden in einer Schüssel miteinander vermischt und dann in eine dunkle Glasflasche gefüllt.

→

Das Gesichtswasser aus Ringelblumen- und Rosenwasser ist mild und besonders geeignet für empfindliche und trockene Haut. Es erfrischt und eignet sich nach einer Grundreinigung mit Öl. Für Männer ist es auch als Rasierwasser geeignet.

Gesichtswasser mit Ringelblume für normale und trockene Haut

Benötigtes Werkzeug:
· 1 Becherglas à 100 ml
· Etikett
· Glasstab
· Glas- oder Plastikflasche
· Messzylinder à 25 ml
· Waage

Zutaten:
· 32,5 ml wässriger Ringelblumenauszug
· 16,5 ml 70%igen Alkohol
· 1 ml Glycerin
· 15 Tropfen Rosenwasser

Zubereitung:
Der wässrige Ringelblumenauszug (siehe Seite 59), der Alkohol, das Glycerin und das Rosenwasser werden in einem Becherglas mit einem Glasstab verrührt.
Sollte die Mischung trübe werden, gibt man einige Tropfen Tween 20 unter Rühren hinzu.

Avocado ist eine häufig verwendete Frucht in der Kosmetik.
(Foto: Corinna Gissemann/fotolia.com)

Avocado-Ringelblumen-Tagescreme

Benötigtes Werkzeug:
· 2 Bechergläser à 100 ml
· 1 Becherglas à 400 ml für das Wasserbad
· Etikett
· Holzspatel
· Mixer
· Thermometer
· Waage

Zutaten:
· 1 g Kakaobutter
· 2,5 g Bienenwachs
· 1,5 g Cetylalkohol
· 5 g Lanolin
· 20 g Avocadoöl
· 20 ml wässriger Ringelblumenauszug
· 1–2 Tropfen ätherisches Lemongrasöl, nach Belieben

Zubereitung:
In einem Becherglas werden für die Fettphase Kakaobutter, Bienenwachs, Cetylalkohol und Lanolin im Wasserbad unter Rühren mit einem Holzspatel geschmolzen. Dazu wird nun das Avocadoöl gegeben und das Ganze weiter unter Rühren erwärmt, bis eine klare Fettschmelze entsteht.

Der Ringelblumenauszug wird erwärmt und unter stetigem Rühren zugegeben. Rühren Sie so lange weiter, bis sich die Masse abgekühlt hat.

Die Creme wird in einen Tiegel abgefüllt. Sie ist zum baldigen Verbrauch bestimmt.

Nach Belieben kann als Duftnote Lemongrasöl hinzugegeben werden.

Hamamelis-Salbei-Tagescreme (bei fettiger Haut)

Benötigtes Werkzeug:
· 2 Bechergläser à 100 ml
· Etikett
· Glasstab
· Holzspatel
· Messzylinder à 25 ml
· Mixer
· Thermometer
· Waage

Wirkstoffe der Zaubernuss (*Hamamelis*) werden oft in der Kormetik verwendet.
(Foto: Heike Rau/fotolia.com)

Zutaten:
· 2,5 g Bienenwachs
· 3,5 g Kakaobutter
· 2,5 g Lanolinanhydrid
· 22,5 ml süßes Mandelöl
· 5 ml Hamameliswasser
· 10 ml wässriger Salbeiauszug
· 2 Tropfen Parfümöl (z. B. Lavendelöl)

Zubereitung:
Bienenwachs, Kakaobutter sowie Lanolinanhydrid (Holzspatel verwenden) werden in ein Becherglas gegeben und im Wasserbad erhitzt. Wenn alle drei Substanzen geschmolzen sind, gibt man das Mandelöl hinzu. Es muss nun immer wieder umgerührt werden, bis die Schmelze etwa 60 °C erreicht hat.

Im zweiten Becherglas werden das Hamameliswasser und der wässrige Salbeiauszug auf ebenfalls 60 °C erhitzt.

Ist die Temperatur der Fettschmelze erreicht, wird sie aus dem Wasserbad genommen und in das Hamameliswasser und den Kräuterauszug gegossen. Ein intensives Rühren ist wichtig, weil nur so eine stabile Emulsion entsteht. Bis die Creme erkaltet ist, rührt man mit dem Holzspatel weiter. Nach Belieben wird in die noch nicht ganz abgekühlte Creme das Parfümöl gegeben. Nach Fertigstellung kommt die Creme in einen Tiegel und wird kühl aufbewahrt.

Johanniskrautöl kann vielfältig
eingesetzt werden.
(Foto: Johanna Mühlbauer/fotolia.com)

Johanniskrautöl-Tages-creme (bei Mischhaut)

Benötigtes Werkzeug:
· 2 Bechergläser à 100 ml
· Etikett
· Glasstab
· Holzspatel
· Messzylinder à 25 ml
· Mixer
· Thermometer
· Waage

Zutaten:
· 70 g wässriger Salbeiauszug
· 2,5 g Tegomuls
· 5,5 g Johanniskrautöl
· 2 g Cetylalkohol
· 3–5 Tropfen ätherisches Zitronenöl

Zubereitung:
Zunächst wird der wässrige Kräuterauszug hergestellt (siehe Seite 59, Lavendelwasser). Beim Einrühren in die Fettphase sollte die Flüssigkeit nicht heißer als 70 °C sein.

Nun werden Tegomuls, Johanniskrautöl und Cetylalkohol gemeinsam aufgeschmolzen. Die Fettphase darf nicht heißer werden als 70 °C, sonst leidet das Öl.

Wenn Fett- und Wasserphase eine Temperatur von etwa 65–70 °C haben, nimmt man beide Gefäße von der Heizquelle und gießt die Wasserphase in die Fettphase. Anschließend wird kräftig mit dem Holzspatel oder Glasstab, am besten aber mit einem Mixer gerührt, bis die Creme abkühlt. Das Abkühlen kann in einem kalten Wasserbad beschleunigt werden. Mit dem Mixer genügt es, ca. zwei Minuten zu rühren und dann während des Abkühlens mit dem Glasstab nur ab und zu durchzurühren.

Ist die Creme handwarm (d.h. 30 °C), können nach Belieben einige Tropfen Zitronenöl zugegeben werden. Nach der Fertigstellung wird die Creme mit dem Holzspatel in eine vorbereitete Cremedose oder einen Tiegel gefüllt.

Ein Melissentee kann auch einfach nur getrunken werden! (Foto: photocrew/fotolia.com)

Melissen-Gesichtssalbe

Melisse wirkt erfrischend und stärkend bei schlecht durchbluteter Haut. Für einen rosigen Teint ist die Salbe gerade richtig. Außerdem liegt nach Gebrauch der Salbe zarter Zitronenduft auf der Haut.

Benötigtes Werkzeug:
· 2 Bechergläser à 100 ml
· Messzylinder à 25 ml
· Glasstab
· Thermometer

Zutaten:
· 20 g Bienenwachs
· 100 g Melissen-Ölauszug
· 8 Tropfen ätherisches Melissenöl

Zubereitung:
Die Zubereitung ist ganz einfach. Bienenwachs und Melissen-Ölauszug werden im Wasserbad geschmolzen. Die Temperatur darf dabei 70 °C nicht übersteigen. Anschließend muss die Fettphase unter Rühren bis auf 30 °C abkühlen. Dann wird das Melissenöl hineingeträufelt. Die noch nicht feste Salbe wird in einen verschließbaren Tiegel gefüllt und im Kühlschrank aufbewahrt.

Ringelblumen-Gesichtscreme

Die Ringelblumen-Gesichtscreme wird als Universalhautcreme eingesetzt. Sie ist aber auch speziell geeignet bei schlecht heilenden Wunden, Geschwüren, Blutergüssen sowie bei trockener, empfindlicher Haut. Auch im Winter ist sie als Kälteschutzcreme ein idealer Wegbegleiter.

Benötigtes Werkzeug:
· 2 Bechergläser à 100 ml
· Etikett
· Glasstab
· Holzspatel
· Messzylinder à 25 ml
· Mixer
· Thermometer
· Waage

Zutaten:
· 80 ml wässriger Ringelblumenauszug
· 30 ml Ringelblumenöl
· 10 g Bienenwachs
· 12 g Tegomuls
· 50 g Rosenwasser

Zubereitung:
Zunächst wird der wässrige Ringelblumenauszug hergestellt (siehe Seite 59, Lavendelwasser). Nun wird die Fettphase zubereitet, indem man Ringelblumenöl, Bienenwachs und Tegomuls im Wasserbad erhitzt. Die Fettphase wird also geschmolzen.

Für die Wasserphase erhitzt man in einem separaten Gefäß den Ringelblumenauszug auf 70 °C und gibt bei dieser Temperatur das Rosenwasser dazu.

Wenn in der Fettphase alle festen Bestandteile geschmolzen sind und eine Temperatur von 70 °C erreicht ist, werden beide Behältnisse von der Heizquelle genommen. Unter ständigem Rühren gießt man die Wasserphase nun langsam in die Fettphase. Zum Rühren eignet sich ideal ein Glasstab oder auch der Stiel eines Esslöffels. Rühren Sie so lange, bis sich die Mischung auf Handwärme abgekühlt hat. In dieser Zeit verhält sich die Mischung oft recht unterschiedlich. Zu einem bestimmten Zeitpunkt kann die Mischung aussehen wie ein Pudding. In dieser Phase kräftig weiterrühren, denn danach wird die Creme wieder zu einer homogenen Masse. Dieser Vorgang kann bis zu einer Stunde dauern. Man braucht also etwas Geduld.

Soll die Creme eine duftige Note bekommen, gibt man bei Handwärme einige Tropfen ätherisches Kamillenöl, Bergamotte- oder auch Zitronenöl dazu. Sobald die Creme abgekühlt ist, füllt man sie mithilfe eines Holzspatels in Tiegel. Zur guten Haltbarkeit wird die Creme im Kühlschrank aufbewahrt.

(Foto: TwilightArtPictures/fotolia.com)

Mulittalentsalbe

Da die heilende Wirkung der Ringelblume seit Jahrtausenden bekannt ist, ist auch eines der bekanntesten Produkte die Ringelblumensalbe. Diese Salbe kann als fettreiche „Multitalentsalbe" eingesetzt werden. Sie eignet sich bei schlecht heilenden Wunden, Ekzemen, Zerrungen, Geschwüren und Blutergüssen. Auch bei Venenentzündungen ist die Ringelblumensalbe ein idealer Helfer.

Bei dem folgenden Rezept für eine Ringelblumensalbe wird Pflanzenöl und Bienenwachs verwendet. Dies ist eine sogenannte vegetarische Salbenvariante.

Benötigtes Werkzeug:
· 2 Bechergläser à 100 ml
· Etikett
· Glasstab
· Holzspatel
· Messzylinder à 25 ml
· Mixer
· Thermometer
· Waage

Zutaten:
· 80 ml Ringelblumenöl
· 20 g Bienenwachs
· Nach Belieben können 5 Tropfen ätherisches Öl zugesetzt werden; ideal sind Kamillenöl oder Melissenöl.

Wenn Sie eine etwas weichere Variante wünschen, verwenden Sie folgende Zutaten:

· 80 g Ringelblumenöl
· 10 g Bienenwachs
· 10 g Sheabutter

Zubereitung:
Bienenwachs und Pflanzenöl in einem Glas vermischen und in ein Wasserbad stellen. Warten Sie, bis sich das Bienenwachs aufgelöst hat, und rühren Sie die Mischung kontinuierlich um.

Sobald alles gut gemischt ist, geben Sie ein paar Tropfen auf einen kalten Teller und lassen Sie diese erstarren, um zu prüfen, ob die Konsistenz Ihnen zusagt. Achtung! Bei dieser geringen Menge wirkt die Salbe stabiler als im Tiegel.

Ergänzen Sie mit Öl oder Bienenwachs, je nach Bedarf. Nehmen Sie die Mischung aus dem Wasserbad, sobald Sie mit der Konsistenz zufrieden sind. Lassen Sie die Salbe auf Handwärme abkühlen und füllen Sie die Masse dann in vorbereitete Tiegel oder Cremedöschen. Vergessen Sie bei der Beschriftung das Abfülldatum nicht.

Gesichtspflege

In mehreren kleinen Töpfchen hält die Creme besser als in einem großen Gefäß. (Foto: Brigitte Bonaposta/fotolia.com)

Nachtcreme für normale Haut

Benötigtes Werkzeug:
· 2 Bechergläser à 100 ml
· Etikett
· Glasstab
· Holzspatel
· Messzylinder à 25 ml
· Mixer
· Thermometer
· Waage

Zutaten:
· 28 g wässriger Melissenauszug
· 2 g Tegomuls
· 7,5 g Traubenkernöl
· einige Tropfen ätherisches Mandarinenöl

Zubereitung:

Zunächst wird der wässrige Melissenauszug hergestellt (siehe Seite 59). Beim Einrühren in die Fettphase sollte die Temperatur des Melissenauszugs bei 70 °C liegen.

Anschließend wird der Emulgator Tegomuls gemeinsam mit dem Traubenkernöl aufgeschmolzen. Die so entstehende Fettphase darf nicht heißer als 70 °C werden, sonst leidet das Öl.

Haben beide Flüssigkeiten eine Temperatur von 70 °C erreicht, gießt man den Melissenauszug unter Rühren langsam in die Fettphase. Bis die Creme abgekühlt ist, muss kräftig gerührt werden, entweder mit einem Glasstab oder besser mit einem Mixer. Das Abkühlen kann in einem kalten Wasserbad beschleunigt werden. Mit dem Mixer genügt es, ca. zwei Minuten zu rühren und dann während des Abkühlens mit dem Glasstab ab und zu durchzurühren.

Ist die Creme handwarm (ca. 30 °C), wird das ätherische Mandarinenöl zugegeben.

Geben Sie die Creme mit dem Holzspatel in ein Cremedöschen oder einen Tiegel.

Nachtcreme für trockene Haut

Gesichtspflege

Benötigtes Werkzeug:
· 2 Bechergläser à 100 ml
· Etikett
· Glasstab
· Holzspatel
· Messzylinder à 25 ml
· Mixer
· Thermometer
· Waage

Zutaten:
· 19 g wässriger Ringelblumenauszug
· 2 g Tegomuls
· 7,5 g Ringelblumenöl
· einige Tropfen ätherisches Kamillenöl

Ringelblume und Kamille:
Ein ideales Paar in der Kosmetik.
(Foto: TwilightArtPictures/fotolia)

Zubereitung:
Als Erstes wird der wässrige Ringelblumenauszug hergestellt (siehe Seite 59, Lavendelwasser). Beim späteren Gebrauch sollte er nicht heißer als 70 °C sein.

Nun stellt man die Fettphase her, indem Tegomuls und Ringelblumenöl gemeinsam aufgeschmolzen werden. Die Fettphase darf nicht heißer werden als 70 °C, sonst leidet das Öl. Wenn Fett- und Wasserphase eine Temperatur von 70 °C haben, gibt man die Wasserphase, also den Kräuterauszug, unter ständigem Rühren in die Fettphase.

Bis die Creme handwarm ist, also eine Temperatur von etwa 30 °C erreicht hat, muss kräftig gerührt werden, entweder mit einem Löffelstiel oder Glasstab, oder besser mit dem Mixer. Das Abkühlen kann in einem kalten Wasserbad beschleunigt werden. Mit dem Mixer genügt es, ca. zwei Minuten zu rühren und dann während des Abkühlens mit dem Glasstab hin und wieder durchzurühren.

Bei Handwärme werden 3–5 Tropfen ätherisches Kamillenöl eingeträufelt. Abschließend wird die Creme in ein Cremedöschen abgefüllt.

Salbei ist wirkkräftig bei unreiner Haut.
(Foto: danilag/fotolia.com)

Salbei-Peelingcreme für unreine Haut

Benötigtes Werkzeug:
· Becherglas à 250 ml für Wasserbad
· Becherglas à 100 ml
· Becherglas à 50 ml
· Etiketten
· Thermometer
· Holzspatel

Zutaten:
· 52,7 g wässriger Salbeiaufguss
· 2,1 g Tegomuls
· 3,8 g Mandelöl
· 1,7 g Cetylalkohol
· 6 g Olivensteingranulat
· 4 Tropfen Salbeiöl

Zubereitung:
Nach Herstellung des wässrigen Salbeiaufgusses (siehe Seite 59, Lavendelwasser) wird dieser im Becherglas oder einem Topf auf 60–70 °C erwärmt.

Schmelzen Sie nun unter Rühren im Wasserbad Tegomuls, Mandelöl und Cetylalkohol, bis alle Zutaten der Fettphase sich gelöst haben und eine Temperatur von 60–70 °C erreicht ist. Die Flüssigkeiten werden jetzt von der Heizquelle genommen.

Im nächsten Schritt gießt man unter Rühren den wässrigen Salbeiaufguss in die geschmolzene Fettphase. Es wird so lange gerührt, bis die Mischung etwa handwarm ist. Jetzt werden Olivensteingranulat und Salbeiöl zugegeben und gut in die Creme eingerührt. Mit dem Holzspatel wird die Peelingcreme in vorbereitete Cremedosen oder tiegel gefüllt. Vergessen Sie bei der Beschriftung nicht das Abfülldatum.

Masken für alle Fälle

Wenn Sie Ihre Haut mal so richtig verwöhnen wollen, oder wenn Sie problematische Hautstellen haben, die entzündet und gerötet sind, oder wenn Sie abends zu einer Feier gehen möchten und Ihre Haut einen müden Eindruck macht – für alle möglichen Anlässe und Gegebenheiten gibt es Gesichtsmasken, die der Haut wirklich guttun und manchmal sogar wahre Wunder wirken.

Natürlich können Masken auch für eine kurze Einwirkzeit aufgetragen werden, während Sie nebenbei etwas anderes machen; den größtmöglichen Effekt erreichen Sie allerdings, wenn Sie sich ein paar Minuten Ruhe gönnen und nach dem Auflegen der Maske etwas entspannen. Ruhe, einmal für kurze Zeit „abschalten" und an nichts denken – das tut nicht nur der Seele, sondern auch der Haut gut. Probieren Sie es aus!

Verwöhnprogramm

Gesichtsmasken lassen sich sehr gut selbst herstellen und meistens hat man die Zutaten schon im Haus. Gurken, Milchprodukte, Honig und auch Eier eignen sich bestens für wirkungsvolle Masken.

Ganz wichtig ist die Reinigung vor dem Auftragen einer Maske. Auf geschminkte Haut darf auf keinen Fall eine Maske aufgetragen werden. Sind die Hautporen noch mit Make-up oder Schmutz verstopft, nützt die beste Pflege nichts. Mit Ringelblumen- Abschminkcreme, einer Reinigungsmilch und anschließend einem Gesichtswasser ist die Haut aufnahmefähig für die guten Nähr- und Wirkstoffe einer Maske.

Beim Entfernen der Maske sollten Sie vorsichtig vorgehen. Mit lauwarmem Wasser Gesicht, Hals und Dekolleté sanft abwaschen und danach die Haut trocken tupfen.

Gurkenmaske

Zutaten:
· 3–5 Scheiben einer grünen Salatgurke
· 1 TL Schlagobers (Schlagsahne)
· 1 TL Ringelblumenöl

Zubereitung:
Die Gurke waschen und in Scheiben schneiden. Mit dem Mixer pürieren und anschließend Schlagobers und Ringelblumenöl zugeben.

Anwendung und Wirkung:
Das gut gereinigte Gesicht, den Hals und das Dekolleté reichlich mit der feinen Gurkenmaske bedecken. Die Maske ist eine wahre Wunderpackung bei fetter, unreiner und fleckiger Haut. Der Saft der frischen Gurke klärt, reinigt, erfrischt und strafft die Haut.

Die Maske kann beliebig oft angewendet werden, sie wird nach der Einwirkzeit von etwa 15 Minuten mit lauwarmem Wasser abgewaschen.

Grüne-Trauben-Maske

Zutaten:
· ½ Handvoll grüne Weintrauben
· 1 TL Schlagobers (Schlagsahne)
· 1 TL Ringelblumenöl
· ½ TL Bienenhonig

Zubereitung:
Die Weintrauben gründlich waschen und mit einem Kochlöffel durch ein Sieb drücken. Den so gewonnenen Saft mit den restlichen Zutaten gut mischen und verrühren.

Anwendung und Wirkung:
Nach einer gründlichen Reinigung wird die Grüne-Trauben-Maske über Gesicht, Hals und Dekolleté verteilt. Die Maske sollte eine halbe Stunde einwirken und wird dann mit lauwarmem Wasser abgenommen. Sie ist für jeden Hauttyp empfehlenswert.

Trauben für die Schönheit

In südlichen Ländern gehören Trauben und auch der frisch gepresste Traubensaft zu den beliebtesten Schönheitsmitteln. Wegen seines günstigen Säuregehalts wird Traubensaft auch gern als Lotion verwendet, denn er erfrischt und verengt die Poren.

Heilerde

Bei Pickeln und unreiner Haut hat sich auch eine einfache Maske aus Heilerde bewährt. Die Heilerde wird mit etwas lauwarmem Wasser zu einem dicklichen Brei verrührt, der dann auf die Haut aufgetragen wird. Ist die Maske getrocknet, nimmt man sie mit warmem Wasser wieder ab.
Um die Verträglichkeit zu testen, kann man zunächst auf eine kleine Hautstelle die Heilerdemischung auftragen.

Heilerde ist für Gesichtsmasken gut geeignet. (Foto: emmi/fotolia.com)

Johanniskrautmaske

Johanniskrautöl besitzt eine vielseitige Heilwirkung. Ideal geeignet ist es bei unreiner Haut, bei Schrunden und trockener Haut.
Pur darf das Öl nicht aufgetragen werden, es besteht die Gefahr, dass die Poren der Haut verstopfen. Außerdem wäre die Wirkung des Öls zu intensiv. In ein Ei emulgiert, ist das Johanniskraut-Auszugsöl jedoch eine ideale Mischung, die man regelmäßig anwenden sollte.

Benötigtes Werkzeug:
· Becherglas à 100 ml
· Glasstab
· Holzspatel
· Mixer

Zutaten:
· 1 Eigelb
· 2 EL Johanniskraut-Auszugsöl
· 1 Spritzer Zitronensaft

Zubereitung:
Einige Wochen vor der Herstellung dieser Maske muss das Johanniskraut-Auszugsöl angesetzt werden (siehe Seite 55).
Rühren Sie nun das Johanniskraut-Auszugsöl tropfenweise in das Eigelb, bis eine feste Emulsion entstanden ist. Anschließend wird der Zitronensaft dazugegeben.

Anwendung und Wirkung:
Streichen Sie die Mischung mit einem breiten Pinsel auf das gut gereinigte Gesicht, den Hals und das Dekolleté und lassen Sie die Maske etwa eine halbe Stunde einwirken. Mit viel lauwarmem Wasser abwaschen und mit Gesichtswasser nachreinigen.

Frische Zutaten

Bei der Zubereitung von Masken sollten immer frische Zutaten verwendet werden. Das gilt vor allem auch, wenn in das Rezept Eier kommen. Eine fertige Maske darf außerdem nicht länger als 24 Stunden im Kühlschrank lagern.

Rosenmaske

Benötigtes Werkzeug:
· Becherglas à 100 ml
· Glasstab
· Holzspatel
· Mixer

Zutaten:
· 8 frische Rosenblätter
· 2 EL Rosenwasser
· 2 EL Naturjoghurt
· 1 EL streichfähiger Honig

Zubereitung und Anwendung:
Frische unbehandelte Rosenblätter in etwas Wasser quellen lassen. Zerdrücken Sie die Blätter, wenn sie weich geworden sind, mit einem Esslöffel oder einem Mörser. Diese Masse wird nun mit den übrigen Zutaten vermischt. Die Maske wird auf das gut gereinigte Gesicht, den Hals und das Dekolleté aufgetragen und sollte etwa zehn Minuten einwirken, bevor man sie mit warmem Wasser sanft abnimmt.

Tägliches Pflichtprogramm: Abschminken!
(Foto: Uwe Grötzner/fotolia.de)

Ringelblumen-Abschminkcreme

Die Haut mit Nährstoffen zu versorgen, sie zu pflegen und zu verwöhnen ist gut, der Anfang jeder Pflege ist allerdings die Reinigung. Die ist ganz besonders wichtig, wenn Sie täglich Make-up auftragen. Die meisten Make-ups decken die Haut förmlich ab und lassen keine Luft ans Gesicht, umso wichtiger ist es, mit einer milden und doch wirksamen Abschminkcreme so schnell wie möglich nach einem langen Tag das Make-up zu entfernen.

Benötigtes Werkzeug:
· 1 Bechergläser à 100 ml
· Messzylinder
· Glasstab
· Holzspatel
· Mixer
· Thermometer

Zutaten:
· 5 g Bienenwachs
· 15 g Kakaobutter
· 40 ml Mandelöl
· 20 ml Ringelblumenöl
· 20 ml Ringelblumenwasser

Zubereitung:
Bienenwachs im Wasserbad schmelzen und die Kakaobutter anschließend hinzugeben. Sobald alles geschmolzen ist, wird das Mandelöl zugefügt und alles auf 70 °C erwärmt. Überprüfen Sie die Temperatur mit einem Thermometer. Den Topf vom Herd nehmen und dann das Ringelblumenöl und das Ringelblumenwasser hinzugeben. Alles zusammen mit dem Handmixer verrühren und in kleine dunkle Tiegel abfüllen.

Ringelblumen-Lippenbalsam

Benötigtes Werkzeug:
· 2 Bechergläser à 100 ml
· Etikett
· Glasstab
· Holzspatel
· Messzylinder à 25 ml
· Mixer
· Thermometer
· Waage

Zutaten:
· 70 g Ringelblumenöl
· 10 g Sheabutter
· 20 g Bienenwachs
· 5 Tropfen Kamillenöl

Zubereitung:
Die Fettphase aus Öl, Sheabutter und Bienenwachs wird im Wasserbad so lange erhitzt, bis eine gleichmäßige Flüssigkeit entstanden ist. Nehmen Sie den Topf von der Heizquelle und lassen Sie die Fettphase unter Rühren abkühlen, bis die Masse handwarm ist. Zur Abrundung und Pflege kann jetzt das Kamillenöl zugefügt werden. Lassen Sie den Balsam weiter abkühlen, füllen ihn dann in kleine Tiegel.

Ringelblumen-Augenfältchenöl

Benötigtes Werkzeug:
· 2 Bechergläser à 100 ml
· Etikett
· Glasstab
· Holzspatel
· Messzylinder à 25 ml
· Mixer
· Thermometer
· Waage

Zutaten:
· 50 g Kakaobutter
· 50 ml Mandelöl
· 10 ml Ringelblumenöl

Zubereitung:
Über dem kochenden Wasserbad Kakaobutter schmelzen. Das Mandelöl hinzugeben und alles auf 60 °C erwärmen. Überprüfen Sie die Temperatur mit dem Thermometer. Den Topf vom Herd nehmen und mit einem Handmixer so lange rühren, bis die Mischung abgekühlt ist. Dann erst kommt das Ringelblumenöl hinzu.

Verteilen Sie das Öl morgens und abends hauchdünn auf den Hautpartien rund um die Augen herum.

Düfte selbst herstellen

Jeder Mensch hat in puncto Duft seine eigenen Vorstellungen und Favoriten. Ein Duft muss zu uns passen und bestenfalls unseren Charakter und unsere Lebenseinstellung charakterisieren. Wahrscheinlich ist es deshalb so schwierig, den eigenen passenden Duft zu finden. Mit ätherischen Ölen, die aus Heilpflanzen gewonnen werden, können wir ein ganz einfaches Parfüm herstellen, das neben dem individuellen Duft noch etwas anderes offenbart: Der Träger des Duftes ist ein Liebhaber von Naturkosmetik.

Benötigtes Werkzeug:
· Becherglas à 250 ml für Wasserbad
· Becherglas à 100 ml
· Becherglas à 50 ml
· Etiketten
· Thermometer
· Holzspatel

Düfte können individuell zusammengestellt werden. (Foto: PhotoSG/fotolia.com)

Wie stelle ich ein Parfüm her?

Benötigtes Werkzeug:
· Becherglas à 250 ml für Wasserbad
· Becherglas à 100 ml
· Becherglas à 50 ml
· Etiketten
· Thermometer
· Holzspatel

Zutaten:
100 ml Weingeist
10 ml ätherisches Öl

Zubereitung:
Man mischt das ätherische Öl unter ständigem Rühren in den Alkohol ein.

Wie stelle ich ein Rasierwasser her?

Zutaten:
· 50 ml Weingeist
· 50 ml wässriger Salbeiauszug
· 20 Tropfen ätherisches Öl
  (geeignet sind z. B. Zitrone, Orange,
  Mandarine, Sandelholz)

Zubereitung:
Zunächst stellt man den wässrigen Salbeiauszug (siehe Seite 59) her. Anschließend rührt man das ätherische Öl so lange in den Weingeist ein, bis es sich gut gelöst hat. Danach wird der wässrige Kräuterauszug in die Phase mit dem Weingeist eingerührt.

Schöne Haare

Haarshampoo selbst machen

Die Shampoobasis gibt es bei verschiedenen Naturkosmetikanbietern (z. B. Styx Naturkosmetik; siehe Seite 92). Sie dient als Grundsubstanz, mit der Sie ganz verschiedene Shampoos herstellen können.

Benötigtes Werkzeug:
· Becherglas à 250 ml für Wasserbad
· Becherglas à 100 ml
· Becherglas à 50 ml
· Etiketten
· Thermometer
· Holzspatel

Shampoo bei trockenem Haar

Zutaten:
· 100 ml Shampoobasis
· 100 ml wässriger Ringelblumenauszug
· 15 Tropfen ätherisches Melissenöl

Zubereitung:
Zunächst wird ein wässriger Ringelblumenauszug hergestellt. Dazu nimmt man zwei Handvoll getrocknete Blüten, übergießt diese mit 250 ml siedendem Wasser und lässt diesen Ansatz zwei Stunden ziehen. Danach seiht man mit einem Kaffeefilter den Ansatz ab.

Nun wird die Shampoobasis mit dem ätherischen Öl gemischt und so lange gerührt, bis das ätherische Öl gut gelöst ist.

→

→

Danach wird der wässrige Kräuterauszug in die Phase mit der Shampoobasis eingerührt. Bitte über Nacht stehen lassen, damit die Luftblasen entweichen können. Anschließend bis zur Verwendung in Fläschchen abfüllen.

Shampoo bei Haarausfall

Zutaten:
· 100 ml Shampoobasis
· 100 ml wässriger Brennnesselauszug
· 15 Tropfen ätherisches Rosmarinöl

Zubereitung:
Zunächst wird ein wässriger Brennnesselauszug hergestellt. Dazu nimmt man zwei Handvoll getrocknete Blätter, übergießt diese mit 250 ml siedendem Wasser und lässt diesen Ansatz zwei Stunden ziehen. Danach seiht man mit einem Kaffeefilter den Ansatz ab.

Nun wird die Shampoobasis mit dem ätherischen Öl gemischt und so lange gerührt, bis das ätherische Öl gut gelöst ist.

Danach wird der wässrige Kräuterauszug in die Phase mit der Shampoobasis eingerührt. Bitte über Nacht stehen lassen, damit die Luftblasen entweichen können. Anschließend bis zur Verwendung in Fläschchen abfüllen.

Arnikablüten werden für ein
Haarwasser gebraucht.
(Foto: Teamarbeit/fotolia.com)

Arnika-Haarwasser für Blonde

Die meisten Haarspülungen aus Pflanzen sind für blondhaarige Menschen nicht geeignet. Ihr Haar ist zu fein und etwas anders aufgebaut als dunkles. Ein Arnika-Aufguss ist aber gut für blondes Haar – vor allem, wenn es fettig ist. Eine Hand voll Arnikablüten wird zunächst mit kochendem Wasser übergossen. Lassen Sie das Ganze eine Stunde ziehen und seihen dann durch einen Kaffeefilter ab. Nach dem Waschen wird das Haar mit dem Haarwasser übergossen und gleichzeitig in die Kopfhaut einmassiert.

Ringelblumen-Haarshampoo

Für trockenes, sprödes Haar ist dieses Shampoo ideal geeignet und die perfekte Haarpflege.

Zutaten:
· 100 ml Shampoobasis
· 100 ml Ringelblumenwasser

Zubereitung:
Das Ringelblumenwasser in die Shampoobasis einrühren, bis alles eine homogene Masse ergibt.

Ringelblumenwasser lässt sich einfach herstellen.
(Foto: TwilightArtPictures/fotolia.com)

Shampoo bei fettigem Haar

Benötigtes Werkzeug:
· Becherglas à 250 ml für Wasserbad
· Becherglas à 100 ml
· Becherglas à 50 ml
· Etiketten
· Thermometer
· Holzspatel

Zutaten:
· 100 ml Shampoobasis
· 100 ml wässriger Zinnkrautauszug
· 15 Tropfen Ylang-Ylang-Öl

Zubereitung:
Zunächst wird ein wässriger Zinnkrautauszug hergestellt. Dazu nimmt man zwei Handvoll getrocknete Blätter, übergießt diese mit 250 ml siedendem Wasser und lässt diesen Ansatz zwei Stunden ziehen. Danach seiht man mit einem Kaffeefilter den Ansatz ab.

Nun wird die Shampoobasis mit dem ätherischen Öl gemischt und so lange gerührt, bis das ätherische Öl gut gelöst ist.

Danach wird der wässrige Kräuterauszug in die Phase mit der Shampoobasis eingerührt. Bitte über Nacht stehen lassen, damit die Luftblasen entweichen können. Anschließend bis zur Verwendung in Fläschchen abfüllen.

Shampoo bei stark strapaziertem Haar

Benötigtes Werkzeug:
· Becherglas à 250 ml für Wasserbad
· Becherglas à 100 ml
· Becherglas à 50 ml
· Etiketten
· Thermometer
· Holzspatel

Zutaten:
· 100 ml Shampoobasis
· 50 ml wässriger Kamillenauszug
· 50 ml wässriger Melissenblätterauszug
· 15 Tropfen Kamillenöl

Zubereitung:
Zunächst wird ein wässriger Kamillenauszug sowie ein wässriger Melissenblätterauszug (siehe Seite 59) hergestellt. Dazu nimmt man zwei Handvoll getrocknete Blätter, übergießt diese mit 250 ml siedendem Wasser und lässt diesen Ansatz zwei Stunden ziehen. Danach seiht man mit einem Kaffeefilter den Ansatz ab.

Nun wird die Shampoobasis mit dem ätherischen Öl gemischt und so lange gerührt, bis das ätherische Öl gut gelöst ist.

Danach wird der wässrige Kräuterauszug in die Phase mit der Shampoobasis eingerührt. Bitte über Nacht stehen lassen, damit die Luftblasen entweichen können. Anschließend bis zur Verwendung in Fläschchen abfüllen.

Der Birkensaft

Für die Gewinnung des Birkensafts bohrt man den Stamm etwa 25 cm über dem Boden 2–3 cm tief an. Der Durchmesser sollte etwa 0,5 cm nicht überschreiten. In dieses Loch schiebt man ein Röhrchen, beispielsweise aus Glas.

Unter das Ende der Röhre stellt man ein Gefäß, vorzugsweise aus Glas und keinesfalls aus Metall. Mehr als 3 l Saft dürfen nicht entnommen werden, um dem Baum nicht zu schaden.

Wenn diese Menge ausgeflossen ist, muss man das Loch noch mit Baumwachs verschließen. Normales Wachs ist nicht geeignet, weil es wieder herausrutschen könnte.

Von diesem Saft trinkt man täglich 2–3 Schnapsgläser. Bei Hautproblemen kann man den Birkensaft auch äußerlich anwenden.

Zur Förderung des Haarwuchses wird die Kopfhaut damit eingerieben.

Damit der Saft nicht gärt, muss man ihn im Kühlschrank aufbewahren oder portionsweise einfrieren.

Alternativ kann man den Birkensaft auch mit Alkohol haltbar machen. Dazu nimmt man ein Drittel bis zur Hälfte Alkohol, je nach Prozentgehalt, und mengt ihn dem Birkensaft bei.

Schöne Haare

(Foto: Martina Lohrbach/fotolia.com)

Register

Nützliche Adressen

Adressen von Firmen, bei denen Rohstoffe gekauft werden können:

Zum Selbstmachen von kosmetischen Produkten werden verschiedene Rohstoffe benötigt. Einen Großteil davon bekommen Sie in gut sortierten Apotheken.

Bei ätherischen Ölen achten Sie bitte immer auf die Qualität.

Die besten, geprüften Öle werden von den Firmen STYX, Bergland und Primavera auf den Markt gebracht.

Art of Beauty
Hitzenberger Veronika
Kaiser-Josef-Platz 28
A-4600 Wels
Telefon: +43 7242 57 22 6
veronika@art-of-beauty.at
www.art-of-beauty.at

Karin Jerabek –
Bachblütenberater und Energetiker
Weineckgasse 26
A-2000 Stockerau
Telefon: +43 72 09 79 371
shop@natuerlich-heilen.at

Meine Kosmetik
Inh. Sandra Ann Paul
In der Kirchenwies 10
A-54441 Kanzem
Telefon: +43 65 01 9 69 88 25
echo@meinekosmetik.de

(Foto: M. Schuppich/fotolia.com)

Literatur

Katharina Bodenstein, Jutta Schneider (2012):
Naturkosmetik aus meinem Garten.
Thorbecke Verlag, 120 Seiten

Cosima Bellersen Quirini (2012):
Naturkosmetik einfach selbst gemacht:
Von Shampoo bis Fußbalsam.
Ulmer Verlag, 144 Seiten

Margit Benes-Oeller (2009):
Gepflegt – Naturkosmetik für Schönheit
und Wohlbefinden.
avBuch/Cadmos Verlag, 96 Seiten

Andrea Thek (2008):
Heilkräuter für naturnahe Gärten.
avBuch/Cadmos Verlag, 80 Seiten

Andrea Thek (2009):
Wildkräuter in Natur und Garten.
avBuch/Cadmos Verlag, 80 Seiten

(Foto: M. Schuppich/fotolia.com)

Impressum

avBUCH im Cadmos Verlag
Copyright © 2013 by Cadmos Verlag, Schwarzenbek
Gestaltung und Satz: Ravenstein, Verden
Lektorat: Christine Weidenweber, Weibersbrunn, www.verbene.eu

Coverfoto: fotolia (Floydine, Printemps, BeTa-Artworks)

Druck: Himmer AG, Augsburg

Deutsche Nationalbibliothek – CIP-Einheitsaufnahme
Die Deutsche Nationalbibliothek verzeichnet diese Publikation in der
Deutschen Nationalbibliografie; detaillierte bibliografische Daten sind
im Internet über http://dnb.ddb.de abrufbar.

Printed in Germany

ISBN: 978-3-8404-8110-9